Gedankensplitter,

... Ideen, und Gedanken, die auch Dir das Leben bereichern.

Bibliografische Information der Deutschen Nationalbibliothek:

Die Deutsche Nationalbibliothek verzeichnet diese Publikation in der Deutschen Nationalbibliografie; detaillierte bibliografische Daten sind im Internet über http://dnb.dnb.de abrufbar.

© 2016 Gerhard Jobs

Satz, Umschlag

Herstellung und Verlag: BoD – Books on Demand, Norderstedt

ISBN: 978-3-7412-6024-7

Gerhard Jobs

Gedankensplitter,

. . . Ideen, und Gedanken, die auch Dir das Leben bereichern.

Inhalt

Der ideale Mensch!	8
Was siehst Du? Was hörst Du? Was denkst Du?	10
Bleib so, wie Du bist?	14
. . . aus einer ewigen Sicht!	16
Ein neues Jahr liegt vor uns.	18
Wie mit Gegensätzen umgehen?	20
Der Glaube und das Ausharren.	24
Was ist es, das uns glücklich macht?	28
Vergangenheit!	30
Nächstenliebe	34
Ja, die Grundbedürfnisse!	36
Es war schon immer so!	38
Das Erwachen der Natur!	40
Der "liebe Gott" und die "lieben Mütter" haben eine schwierige Aufgabe!	42
Veränderungen!	46

Winter!	49
Die Gebote Gottes geben uns Sicherheit!	50
Viel zu spät erkennt man den Wert eines Menschen?	54
Darf der Staat anstelle der Familien die Erziehung der Kinder übernehmen?	58
Beharrlichkeit	62
Die Macht der Gedanken	64
Es sind nur Kleinigkeiten	68
Schon geweint?	70
Erwartungshaltung	72
Dienen sie gern?	76
Was lässt dich meinen, das du mehr wert bist als andere?	78
Respekt vor dem Leben!	80
Ein ständiger Kreislauf	83
Herzklopfen	85
Leichtes Herzklopfen	86
Weihnachten, und kann es noch ein bisschen mehr sein?	90
Das besondere Ereignis!	92

Vorab

Für Euch:

Diese kleine Sammlung meiner Gedanken und Ideen könn(t)en, so hoffe ich, eine Bereicherung für den Leser sein. Besonders sind sie meiner Familie, meinen Freunden und natürlich auch allen Menschen gewidmet, die es lieben, ihr Leben zu überdenken und zu planen. Alle "Gedankensplitter" und "Sinnsprüche" sind sehr kurz gehalten, denn es soll ja Zeit zum Nachdenken bleiben.

Alles was . . .

uns das Herz berührt und unseren Verstand anregt, sodass wir unser Leben immer wieder neu überdenken, ist gut. Wenn gute Gedanken uns bewegen, unseren Umgang mit unseren Mitmenschen so zu gestalten, dass wir einander gerne wiedersehen möchten, ist vieles gewonnen. Streit, Benachteiligungen, werden weniger. Freundlichkeit und ein friedvoller Umgang miteinander stellen sich ein.

Wenn wir einander achten und ehren, ist wenigstens schon in unserem Umfeld Frieden. Und wenn es viele tun, kann es eine schönere Welt geben.

Matthäus 22:35-39
Einer von ihnen, ein Gesetzeslehrer, wollte ihn auf die Probe stellen und fragte ihn:
Meister, welches Gebot im Gesetz ist das wichtigste?
Er antwortete ihm: Du sollst den Herrn, deinen Gott, lieben mit ganzem Herzen, mit ganzer Seele und mit all deinen Gedanken.
Das ist das wichtigste und erste Gebot.
Ebenso wichtig ist das Zweite: Du sollst deinen Nächsten lieben wie dich selbst.

Gerhard Jobs

Braunschweig d. 24.11.2015

Der ideale Mensch!
(ein Maßstab zur Orientierung)

Ein guter Mensch wird die in ihm von Gott gesetzte Hoffnung verwirklichen.
Seine Worte besänftigen, seine Handlungen kann man sich getrost zum Beispiel nehmen.
Er blickt gütig und ist Herr über seine Emotionen.
Er verzeiht und trägt keinem etwas nach.
Die Unwahrheit sagt er nicht, eine Ermahnung von ihm, wird von seiner Liebe getragen.
Er sieht, wo er helfen kann, ihn brauchst du nicht erst zu bitten.
Sein Gesicht strahlt Freundlichkeit und Milde aus, seine Nähe erbaut.
Seine Gesten laden zum Guten ein und ermutigen einen sich zu offenbaren.
Seine Nähe sucht man, ihm hört man gern zu, er gibt einem Ruhe und Selbstsicherheit.
Sein Handeln ist rechtschaffen und ehrenhaft, und auf das Wohl des Nächsten gerichtet.
Alles von und an ihm weist ständig auf das Göttliches hin.

Gerhard Jobs

Braunschweig den 03.03.2014

P.S.
Sehr idealisiert, - ja, weltfremd? - vielleicht. Doch nur so, mit dem genügenden Abstand zu dem üblichen Menschen, kann er jedem von uns, so auch dir und mir, eine wirkliche Hilfe sein.

Jedes Bemühen sich zu verbessern,

        ist eine gute Bemühung.

Wenn jeder darauf wartet,

        dass der andere den ersten Schritt macht,

kann die Chance einer Versöhnung vorbei sein

        und viele schöne Stunden

hat man dann nicht gemeinsam erlebt.

Was siehst Du? Was hörst Du? Was denkst Du?

Um nur drei Quellen zu nennen, die mit dazu beitragen, welche Entwicklung man nimmt. Das, was Du mit den Augen und Ohren wahrnehmen kannst, kann Deine Gedanken, deine Empfindungen und Gefühle stark beeinflussen. Selbst in einem dunklen und stillen Raum kannst Du fast regungslos daliegen und das Wahrgenommene in Deinen Gedanken wieder zum Leben erwecken. Sei Dir also der Macht der audiovisuellen Einflüsse bewusst. Mehrheitlich aber bist Du es, der bestimmen kann, was auf Dich einwirkt.

Allgemein kann gesagt werden, dass das, was von Gott ausgeht, für uns gut ist, da es das Lobens- und Erstrebenswerte beinhaltet. Es ist das, was uns zum Guten führen will. Es gibt vieles, was für das Auge, wie auch für das Ohr bestimmt ist, was Gott erschaffen hat oder welches er durch seine Diener, gute Menschen, für uns hat erstellen lassen (die Schöpfung, die heiligen Schriften, lesenswerte Bücher und Filme, anberaumte Versammlungen, Konzerte etc.). Unzähliges, dass zu unserer Erbauung und zu unserem Fortschritt dienlich ist.

Da es auch die andere Seite gibt, kann sich jeder gut vorstellen, dass er, der Widersacher, alle Möglichkeiten nutzt, um unter anderem über unsere Augen und Ohren auf uns einzuwirken. Ja, er möchte unsere Gedanken, Empfindungen und Gefühle beeinflussen, – leider nicht zum Guten. Dank der freien Entscheidung ist es aber uns überlassen, zu entscheiden, was wir sehen und hören wollen, welcher der beiden Mächte wir uns zuwenden wollen. An dieser Stelle sei noch darauf hingewiesen, dass Satan uns in jeder Not, in die er uns hat führen können, letztlich unserem Schicksal überlässt. Er hilft nicht, er sieht schadenfroh zu, wenn wir dann unser gewähltes Schicksal tragen müssen. Er, der Fürst der Unterwelt, er wird uns nicht vor den Schranken des ewigen Gerichts verteidigen. Ganz anders unser Heiland, er ist es, der sich, wenn wir nach besten Kräften versucht haben ihm zu folgen, für uns einsetzt. Er will und wird dann dank des von ihm erbrachten Sühnopfers, einzig und allein unsere Rettung sein.

Was siehst Du? Was hörst Du? Was denkst Du?

Sei klug, wähle recht. Die Erdenzeit ist kurz, die Ewigkeit aber lang. Habe eine gute Zukunft.

Gerhard Jobs

Braunschweig d. 05.07.2014

Das Buch Josua

4. **Kapitel**
5. Wenn es euch aber nicht gefällt, dem Herrn zu dienen, dann entscheidet euch heute, wem ihr dienen wollt: den Göttern, denen eure Väter jenseits des Stroms dienten, oder den Göttern der Amoriter, in deren Land ihr wohnt. Ich aber und mein Haus, wir wollen dem Herrn dienen.

Nichts ist gerechter als die Zeit,

      sie ist gleich lang für jeden,

           ob arm, ob reich.

Wofür Du sie benutzt,

      womit Du sie ausfüllst,

           das ist das Geheimnis Deines Erfolges.

Jede Phase, jeder Zeitabschnitt,

jeder Entwicklungsgang Deines Lebens ist wertvoll,

- so hat es der Schöpfer gewollt.

... Du musst Dich nur bemühen,

den Sinn hinter alldem zu erkennen.

Bleib so, wie Du bist?

Worte wie: "Bleib so, wie du bist" sind gut gemeint, jedoch das Schlimmste, was uns passieren kann. Es sei denn, unsere Entwicklung würde uns zum Schlechten hin verändern. Sollten wir keine Entwicklung nehmen? Keinen Fortschritt machen? Uns vor notwendigen Veränderungen verschließen? Wir wissen, dass das jedem Streben nach einer besseren Zukunft, einer Entwicklung der Persönlichkeit, selbst dem von Gott aufgestellten Plan für die Menschen abträglich wäre.

Welchen Sinn hätte das Schriftenstudium, das Lesen guter Bücher und die weiteren vielen Belehrungen und Informationen, die man im Laufe seines Lebens erhält? Natürlich sollten wir wie von Paulus empfohlen es tun:

Thessalonicher 5:21,

"Prüft alles und behaltet das Gute"

Wie könnten sich die Aufforderungen diverser Schriftstellen erfüllen, wenn wir blieben, wie wir sind?

1.Timotheus 4:15

"Dafür sollst du sorgen, darin sollst du leben, damit allen deine Fortschritte offenbar werden. Achte auf dich selbst und auf die Lehre; halte daran fest! Wenn du das tust, rettest du dich und alle, die auf dich hören."

Jeder Fortschritt, den ich mache, versetzt mich in die Lage, auch anderen Menschen eine Hilfe zu sein. Darum verlangt schon die Nächstenliebe, dass ich mich für meine Mitmenschen stark und bereit mache, um ihnen immer recht zur Seite stehen zu können.

Gerhard Jobs

Braunschweig den 17.08.2014

Aus der Vergangenheit lernen,

        in der Gegenwart Gutes tun,

das lässt uns mit größter Wahrscheinlichkeit,

        eine gute Zukunft erleben.

... aus einer ewigen Sicht!

Ist es nicht beachtens- und nachdenkenswert, wenn der Kreis (-lauf, des Lebensweges) beginnt sich wieder zu schließen? Wenn alles in einer scheinbar ewigen Runde verläuft?

Dieses Werden, dieses Aufblühen, dieses für eine Weile scheinbare Stillstehen, um doch in Wirklichkeit unbeirrbar vorranzuschreiten in unserer Persönlichkeitsentwicklung.

Seinen eigenen Wert durch Zunahme an Erfahrung und durch ein ständiges Übens zu steigern. Ihn aber auch aus einer beschaulicheren Ruhe sehen zu können, . . . ja, ihn als etwas Sinnvolles zu begreifen. All dies gibt unserem Leben einen tieferen Sinn.

Klug hat es unser Schöpfer eingerichtet. Es wäre nicht gut nur jung zu bleiben und somit die Erfahrung des Alters nie zu erlangen.
Warum das alles? Sinn macht es nur, wenn dahinter die Zukunft eines ewigen Lebens steht. Weshalb sonst sollte er, der Mensch, diese Erfahrungen der Wechselfälle des Lebens machen, um mit ihnen in den ewigen Staub zu versinken?

Danken wir doch unserem Gott und Vater, für ein Leben auf dieser Erde, - für eine ewige Zukunft, erwirkt durch das Sühnopfer seines Sohnes unseres Erretters Jesus Christus. Somit erfüllt sich die Weihnachts-, Oster- und Pfingstbotschaft und gipfelt in einer glorreichen Auferstehung.

Gerhard Jobs

Braunschweig den 01.12.2014

Wenn du jung bist,

    strahlt deine jugendliche Schönheit,

        im Alter strahlt aus dir dein gelebtes Leben.

Gut ist es, wenn junge Menschen versuchen

    Verständnis für alte Menschen zu haben.

Was alt sein wirklich bedeutet,

        das kannst du nur verstehen,

wenn du selber alt geworden bist.

Ein neues Jahr liegt vor uns.

Es bringt für jeden von uns, für dich, für mich sicherlich neue 365 Tage. Was werden sie uns bringen? Was erwartet dich oder mich? Einiges liegt nicht in unserer, in deiner, in meiner Hand, damit muss jeder lernen umzugehen, sich darauf einzustellen, - doch einiges und das ist nicht wenig, bestimme ich, bestimmen wir selbst.
In erster Linie bin ich für das verantwortlich, was ich selber bestimmen kann, darauf habe ich Einfluss.
Auf das andere, das an mich herangetragen wird, gilt es weise und umsichtig zu reagieren.
Ist es dann nicht gut, sich Rat zu holen? Von wem kann ich Rat erhalten?
Von meinen Eltern und weiteren Familienangehörigen, von guten Freunden, die es gut mit mir meinen.
Gelegentlich auch von Erkenntnissen, die mir anderweitig zur Verfügung gestellt werden.
Im Besonderen gilt es darauf zu achten, wie qualifiziert ist dieser Ratgeber. Wohin wird sein Rat mich führen? Wird es dieser Ratgeber gut mit mir meinen?

Wäre es nicht sinnvoll dem zu vertrauen, der uns erschaffen hat? Dem, der alles, was uns umgibt, doch auch letztlich für dich erschaffen hat? Wer hätte größere Kompetenz, wer kennt uns besser, wer weiß besser, was wir wirklich brauchen, als er, der weiß was uns erwartet, was für uns gut ist.

Bedenke jedoch, dass du ihm nur soweit vertrauen wirst, wie du ihn kennengelernt hast.
Darum räume einen Teil deiner Zeit dafür ein, ihn, den Schöpfer, besser kennenzulernen.

In dem, was er erschaffen hat, einen Teil von ihm zu erkennen. Dann wirst du deinen Mitmenschen, die Natur, alles, was er erschaffen hat, mit anderen Augen sehen. Letztlich wirst du dann dich selbst und deinen Platz in all dem Erschaffenen erkennen.

Damit wird er dir für das neue Jahr, als ein Nachklang der Weihnachtsbotschaft des alten Jahres, die größten Chancen einräumen, es in seinem Sinne für dich erfolgreich zu gestalten.

Gerhard Jobs

Braunschweig den 27.12.2014

Wieder ist ein Jahr vergangen,

   konnte meine Ziele nicht erreichen!

      Zum Glück hat ein neues angefangen,

         dieses Jahr mach ich es mir nicht leicht,

           . . . nicht wieder will am Jahresende ich erbleichen

Wie mit Gegensätzen umgehen?

Wir leben in schwierigen Zeiten, große Gegensätze tun sich auf, Ansicht steht gegen Ansicht, die Meinungsvielfalt ist groß, doch muss das trennend sein? Unterschiede können zum Nachdenken anregen und das eigene Weltbild mit neuen Impulsen versehen.
Ja, es muss sogar Gegensätze geben, die Natur zeigt uns das besonders deutlich. Was würde es für uns bedeuten, wenn wir nur immer eine Temperatur von 20° hätten? Keine weiteren Plusgrade oder sogar Minusgrade? Was wüssten wir von der Wirkung, die Temperaturunterschiede uns aufzeigen?
Wir brauchen warm und kalt, hell und dunkel, schnell und langsam, dick und dünn, – und was soll noch alles aufgezählt werden.
Selbst bei uns Menschen, wie wäre es denn, wenn wir keine Stimmungsschwankungen hätten, also temperamentlos wären? Wenn es nicht Mann und Frau geben würde?
Ich will es abkürzen – wir leben von Unterschieden, von den Spielräumen zwischen den Extremen, sodass wir die heilsame "Mitte" finden können. Die Unterschiede geben uns die Möglichkeit zu wählen, zu bewerten, zu fühlen und zu entscheiden, - sie lassen uns ein selbstständiger Mensch sein.

Bliebe alles nur unbeweglich und starr, würde es wie tot verbleiben. Das Geheimnis liegt aber darin, ob wir mit unserer Bewegungsfreiheit recht umzugehen wissen. Damit es funktioniert, sollten alle etwas davon haben und dies möglichst gleichmäßig verteilt.
Seiten könnte man füllen mit Aussagen zu diesen Themen. Nehmen wir nur die eine bekannte Volksweisheit: „Was du nicht willst, dass man dir tu', das füg auch keinem andern zu." (die

goldene Regel), so haben wir schon eine gute Empfehlung für unser Leben.

Wie viel Literatur, Seminare und Studiengänge gibt es, die sich mit den zwischenmenschlichen Beziehungen beschäftigen? Unzählige! Selbst in der Bibel kann man die uns von unserem Schöpfer gegebenen Verhaltensweisen gut nachlesen, ob im "Neuen Testament" oder auch im "Alten Testament".

Natürlich kann man all dies nicht erschöpfend in ein paar Zeilen behandeln, doch sei es mir erlaubt, nur ein Wort dazu zu sagen: Liebe! Sie regelt eigentlich alles, sie sorgt für Gerechtigkeit, sie sorgt für Verständnis, sie sorgt für Zuneigung. Sie könnte Völker, Religionen, weitere Gruppierungen gut miteinander leben lassen. Jede Geschäftsbeziehung, unser Mitgefühl für unseren Nächsten, unsere Hilfsbereitschaft - und, und, und, würde harmonischer ablaufen.

Wenn es also Schwierigkeiten zwischen Menschen, Völkern, Religionsgemeinschaften, Parteien, diversen Interessengruppen gibt und sie sich nicht verstehen, sind es Anzeichen dafür, dass die Liebe fehlt.

Liebe kann man nicht verordnen, Liebe muss man selber entwickeln und dieses ist eine Lebensaufgabe - eine sich lohnende Lebensaufgabe.

                                    Gerhard Jobs

                                Braunschweig den 09.01.2015

Nicht umsonst heißt es im Neuen Testament:

Der erste Brief an die Korinther

Kapitel 13: 1,2
1. Wenn ich in den Sprachen der Menschen und Engel redete, hätte aber die Liebe nicht, wäre ich dröhnendes Erz oder eine lärmende Pauke.
2. Und wenn ich prophetisch reden könnte und alle Geheimnisse wüßte und alle Erkenntnis hätte; wenn ich alle Glaubenskraft besäße und Berge damit versetzen könnte, hätte aber die Liebe nicht, wäre ich nichts.

Wenn Gott allmächtig ist und allwissend,

        gibt es nichts, was er nicht weiß.

Somit kann der Mensch nichts entdecken oder erfinden,

        was Gott nicht bekannt ist

und auch für jede persönliche Sorge gäbe es ein Lösung.

. . . und warum fragen so wenige Ihren Schöpfer?

Worte können schärfer als Messer sein

        und tiefe Wunden hinterlassen.

Sie können aber auch wie Blumen sein,

        und das Herz und die Seele erfreuen.

Der Glaube und das Ausharren.

Unser Glaube wird geprüft, wenn das, was wir uns wünschen auf sich warten lässt.
Wenn von uns erwartet wird, Aussagen zu glauben, deren Sinn wir nicht verstehen.
Wenn der, der uns auffordert zu glauben, uns zu unbekannt ist.
Wir keine Beziehung oder Erfahrung mit demjenigen gemacht haben, der uns bittet oder auffordert zu glauben.
Auch dann fällt es uns schwer zu glauben, wenn die mit den Aussagen verbundenen Verheißungen sich erst nach unserem Tode erfüllen sollen.
Unser Glaube hängt also offensichtlich von den Erfahrungen und den Kenntnissen ab, die wir von der Person haben, die uns zum Glauben auffordert. Bei wichtigen Dingen, die von uns Glauben abverlangen, ist es also notwendig, die Integrität der Person oder die Bedeutung und den Sinn der Situation zu hinterfragen. Dabei ist zu beachten, dass man sich Zeit nehmen sollte, ehe man eine Entscheidung trifft, und es ist auf den richtigen Zeitpunkt zu achten, wann man seine Entscheidung trifft, ob man glauben will oder nicht. Das ganze Unterfangen ist in jeden Fall sehr schwierig.
In vielen Fällen kommt das gewünschte Ergebnis erst zu einem Zeitpunkt, wenn wir damit gar nicht mehr rechnen. Wenn wir dann zu früh unser Ausharren beenden, kann es passieren, dass wir enttäuscht sind, an die Voraussagen nicht mehr glauben und uns enttäuscht von all dem abwenden.
Ich möchte dies an einem Beispiel zeigen:
Wenn wir das Leben unseres Erlösers und Retters Jesus Christus betrachten und beenden die Betrachtungsweise an dem Punkt oder

zu dem Zeitpunkt, wo er am Kreuz hängt, zu welchem Ergebnis würden wir kommen?
Ein Mann aus normalen Verhältnissen kommend, der sich im weltlichen Sinne zu keiner besonderen Persönlichkeit entwickelt hatte.
Seine Größe, die von etlichen Menschen erkannt wurde, hatte er erreicht, durch seine tiefgründigen, zum Nachdenken anregenden Belehrungen, seine, der damaligen Welt entgegen gerichteten Ansichten, die von ihm getätigten Wunder, seine Ausstrahlung und die von ihm praktizierte Liebe.
Nicht alle sahen ihn so, die meisten erkannten seine göttliche Bestimmung nicht.
Daher: *"Jerusalem, Jerusalem, du tötest die Propheten und steinigst die Boten, die zu dir gesandt sind. Wie oft wollte ich deine Kinder um mich sammeln, so wie eine Henne ihre Küken unter ihre Flügel nimmt; aber ihr habt nicht gewollt."* (Matthäus 23:37)
Von den damaligen religiösen Führern wurde er gehasst, die weltlichen Herrscher schützen ihn nicht, er musste viel wegen seiner Bereitschaft für uns das wichtige und notwendige Sühnopfer zu erbringen, erleiden. Die Welt hat mehrheitlich seine Größe, seine Erwählung, sein dargebrachtes Opfer nicht erkannt. Hätten die Menschen damals, aber auch wir heute, sich mit seinem Leben ernsthafter beschäftigt, den Vater im Himmel, also Gott, im Gebet gefragt:
"Ist das der, der kommen soll? Der angekündete Messias? Hätte man sich seine Werke und Belehrungen tiefer angesehen, vielleicht seine Aufforderungen ernsthafter beachtet, hätte man ihn erkennen können, seine Aufforderungen zur Nächstenliebe als Maxime für sein eigenes Leben erkannt und angewandt, dann wäre sicher das als "der gute Weg" erkannt worden.
So blieb er für die meisten Menschen damals ein eigenartiger Sonderling. Und tatsächlich, seine erwählte Jünger kehrten nach

seinem Tode zu den alten Lebensgewohnheiten zurück und gingen fischen.

Hätte man den Zeitpunkt der Betrachtung des Lebens von Jesus Christus nach der Auferstehung gesetzt, wäre ein positives, ein erhabenes, ein uns größten Respekt abverlangendes Leben unseres Erlösers ins Herz geschrieben worden. Nicht das Bild, das wir erhielten, als wir den Betrachtungszeitpunkt bei seiner Kreuzigung ansetzten.

So kam es ja auch: Er, Jesus, ist auferstanden, er zeigte sich den Jüngern und vielen weiteren Menschen damals. Er setzte sein begonnenes Werk durch die von ihm erwählten Apostel wieder in Gang. Das Evangelium, die frohe Botschaft begann seinen Weg.

Wie wird es sein, wenn wir den Zeitpunkt der Betrachtung des Lebens Jesu Christi nach dem "zweiten Kommen" ansetzen? Wer wird er, der Erlöser, Jesus Christus, dann für uns sein?

An etwas zu glauben, verlangt von uns ein ständiges Sichdamitbeschäftigen, auf die Ergebnisse während der Zeit des Glaubens achten, ein Sichberaten mit Weggefährten. Was den Glauben an Gott und seinen Sohn betrifft, so ist es notwendig, im Gebet zu Gott zu verbleiben. Denn beim Halten der von ihm gegebenen Gebote bemerken wir die Veränderung in unserer Einstellung gegenüber Gott und unseren Mitmenschen, und wir bemerken die weiteren positiven Veränderungen, wie mehr Nächstenliebe, mehr Geduld, ein positiveres Denken etc. an uns selbst.

Gerhard Jobs

Braunschweig den 17.01.2015

Fälle dein Urteil nicht zu früh,

      denn du weißt nicht,

            was da noch kommen mag.

Was ist es, das uns glücklich macht?

Wohin bringt uns das ständige Streben nach mehr? Noch nie hatten wir so viel Auswahl an Kleidung, gutem Essen, an Zerstreuung und Freizeit. Der Fortschritt im Bereich der Medizin ist enorm, die Technik erfüllt uns fast alle Wünsche, selbst ferne Urlaubsziele sind uns möglich geworden. Viele Träume, die unsere Großeltern und Eltern hatten, sind für uns nun Wirklichkeit; und doch drängt sich die Frage auf, ob wir glücklicher geworden sind?
All die vielen Dinge, die schon aufgezählt worden sind und die man noch weiter und weiter fortführen könnte, scheinen nicht die Lösung in sich zu tragen.
Wie schön dagegen war und ist es, wenn wir den Kindern beim Auspacken ihrer Weihnachtsgeschenke zuschauen konnten oder können.
Ist es nicht berührend zu erleben, wie sehr sich ein Kind freuen kann, wenn es das erste Mal selbstständig mit dem kleinen Fahrrad, seinem Geschenk, ein kleines Stück gefahren ist.
Erinnern wir uns an unsere erste Jugendliebe? Oder an den Duft der Bratäpfel, die wir bei dem Besuch unserer Oma serviert bekamen? Wie viel mehr sind es diese kleinen Erlebnisse, diese zwischenmenschlichen Beziehungen, die in vielen Fällen unser Herz anrühren, die uns wirklich geprägt haben?
Natürlich ist es gut nach mehr zu streben, sodass uns und anderen Menschen vieles leichter fällt. Auch sollten wir dankbar dafür sein, wenn die Ergebnisse von Forschung und Entwicklung es uns ermöglichen, dass wir uns an vielen neuen Dingen erfreuen können, – wenn wir dabei auch des Fleißes derer gedenken, die uns dies ermöglicht haben. Vielleicht noch einen Schritt weiter gedacht, wenn wir auch dem dankbar sind, der uns Menschen in

die Lage versetzt hat, fast unbegrenzt viel zu ergründen und zu gestalten.
Wenn eine Sache, eine Absicht, die wir hegen, nicht dazu führt, dass Menschen sich besser verstehen, dann hat sie ihren Sinn verfehlt. Einander Begegnen soll zur Freude werden, Streit soll dem Frieden weichen, sonst besteht die Gefahr, dass das, was wir ersinnen und erfinden, nur zum Nachteil des anderen eingesetzt wird. Hinter allem steht immer das, was wir damit beabsichtigen. Was will ich damit erreichen?
Nicht ohne Grund heißt es in der Schrift:

Im Matthäus 6. Kapitel, Vers 21 " Denn wo dein Schatz ist, da ist auch dein Herz.",

– was du also begehrst, darauf musst du sehr achten.

Unser Respekt voreinander und unsere guten Gefühle füreinander, dieses sind wichtige Komponenten, die die Seele erheben.

Gerhard Jobs

Braunschweig den 05.02.2015

Vergangenheit!

Das Zurückschauen darf dich nicht fesseln, es muss dir helfen, deinen Blick wieder nach vorne zu richten. Du solltest nur eine gewisse Zeit in der Vergangenheit verweilen. Wenn du dich zu sehr in der Nostalgie verlierst, nimmt es dir die Zeit vorwärtszuschreiten.
Ist da etwas, woran du dich gerne erinnerst, sollte es dir Motivation sein, neue, besondere Erlebnisse in der Zukunft zu haben.
Solltest du etwas in deiner Vergangenheit finden, was dich bedrückt, was dir nicht gelungen ist, dir Kummer bereitet hat, so verbleibe nur so lange in der Vergangenheit, bis du die rechten Entschlüsse gefasst hast, dass sich das nicht wiederholen wird, bis du die damit verbundenen dich belastenden Gefühle überwunden hast.
Gemachten Fehlern nachzutrauern ist nur dann gut, wenn es dir hilft, Lösungen für die Zukunft zu finden.
Gelegentlich ist es gut, wenn es in deinem Umfeld Menschen gibt, denen du vertrauen kannst, um deine Gefühle und Empfindungen mit ihnen zu teilen. Denn auch andere Menschen haben vieles erlebt, was einem selbst eine Hilfe sein kann.
Außerdem gibt es jemanden, der uns sehr gut kennt, dem wir vertrauen dürfen. Nichts würde "ER" tun, was nicht zu unserem Vorteil wäre, – dieser jemand ist der, der uns erschaffen hat, der weiß, wie wir fühlen, funktionieren. Und er, der Herr ist es, der unsere Zukunft kennt.
Dort bekommt man die Hilfe, die uns wissen lässt, dass wir nicht allein sind, auch wenn niemand in unserer Nähe ist. So ein schlichtes Zwiegespräch zwischen Gott und Mensch wendet vieles zum Guten, gibt einem das, was man gerade braucht. Der Herr hat uns gelehrt, dass, wenn es uns nicht gut geht, wir im

Dienst am Nächsten unser eigenes "Ich" am besten wiederfinden können.
In meinem letzten Buch gibt es ein Gedicht mit dem Titel: "Tränen sind Perlen der Seele", wo schlicht und einfach aufgezeigt wird, wie sich unser Inneres nach außen hin offenbart.

Gerhard Jobs

Braunschweig den 03.03.2015

Dein Blick zurück, sollte dir Mut machen,

    deinen Blick wieder nach vorn zu richten.

Hast Du den guten Weg verlassen,

ist oft Elend Dein Los.

. . . doch dank des Sühnopfers

gibt es einen Weg zurück! Du brauchst nur

die errettende Hand des Herrn zuergreifen.

Das Licht, das Du aussendest,

        ist auch das Licht, das Dich beherrscht.

Es erhebt oder erniedrigt alles in Deiner Umgebung

. . . auch Dich selbst!

Nächstenliebe

Welcher Segen würde es für uns Menschen sein, wenn wir unsere Mitmenschen mit mehr Respekt, vielleicht sogar mit etwas mehr Liebe begegneten?
Wie viel anders wäre dann der Umgang der Menschen miteinander?
Ist es wirklich so schwer, dem Nächsten liebevoll zu begegnen? Ihn als ein Kind Gottes zu erkennen? Zu begreifen, dass Du, unser aller Herr und Gott kein Anseher der Person bist und alle deine Kinder gleich liebst unabhängig aller Äußerlichkeiten?
Nächstenliebe zeigt sich dadurch, dass wir am Leben anderer Anteil nehmen, soweit sie es zulassen.
Ein Gradmesser für die Entwicklung unserer Nächstenliebe ist zum Beispiel, ob wir uns an dem Erfolg unseres Nächsten erfreuen können. Erfreut es uns, wenn ein anderer Menschen mehr erreicht hat als wir? Sind wir frei davon, ihm das zu neiden? Vergleichen wir uns ständig mit ihm?
Freuen wir uns, wenn ein anderer sehr begehrt ist? Gönnen wir es ihm, wenn auch er einmal im Mittelpunkt steht? Oder empfinden wir dann Neid?
Wenn wir es gelernt haben an seinen Tiefpunkten ehrlich Anteilnahme zu zeigen und ihm helfen, ohne dass jemand davon Kenntnis erlangen muss, so zeigen wir unsere Nächstenliebe.
Nächstenliebe ist auch, wenn wir zu Gott für ihn bitten, wenn er sich in Schwierigkeiten befindet.
Ja, was würde sich auf unserer Welt alles verändern, wenn wir mehr Nächstenliebe hätten.
Welche wunderbare Zukunft hätten wir Menschen zu erwarten! Dann hätten selbst die Nachrichten weniger beängstigende Inhalte.

Die Nächstenliebe, die wir anderen erweisen, verändert uns mit am meisten. Selbst wenn unsere gezeigte Nächstenliebe nicht unmittelbar erkannt wird, so hat unser Schöpfer unsere Bemühungen gesehen. Bedenken wir die Ewigkeit ist lang.
Und dann wird der Tag kommen, und er wird kommen, wo derjenige in vollem Umfang uns als guten Mitmenschen erkennen wird.
Denn er wird wissen, was wir Gutes gedacht und gefühlt haben. Dann können wir ihm mit Freuden begegnen, in seine Augen schauen und wir werden wissen, dass uns eine tiefe Freundschaft verbindet.

Gerhard Jobs

Braunschweig den 03.03.2015

LuB 42.27 Du sollst von deinem Nächsten nichts Böses reden noch ihm irgendeinen Schaden tun.

LuB 82:19. Ein jeder soll auf den Vorteil seines Nächsten bedacht sein und bei allem, was er tut, das Auge nur auf die Herrlichkeit Gottes richten.

Ja, die Grundbedürfnisse!

Viele wunderbare Möglichkeiten stehen uns heute durch Technik, moderne Kommunikation, eine gute Auswahl an Esswaren, an Bekleidung und Hygiene zur Verfügung. Ja, wir haben ein reiches Angebot von fast allem. Doch viele Wünsche sind noch offen, etliche Länder noch nicht bereist, so manch ein Musical noch nicht gesehen.
Dennoch ist dieser Zustand trügerisch, sehr schnell, zu schnell könnte sich einiges, vielleicht sogar Grundlegendes ändert.
Da ist es ein Zyklon, wie er im Pazifischen Ozean die Inselgruppe des Landes Vanuatu getroffen hat, ein Krieg, wie in der Ukraine, eine Terrorgruppe wie in Syrien, ein Tsunami wie er Japan getroffen hat, Reaktorkatastrophen in Tschernobyl und Fukushima können Menschen überraschend treffen.
Was ist es, was dann noch zählt?
Nahrung, Kleidung, Behausung,   ... eine Familie, die zusammenhält, Freunde, die einander unterstützen, der Trost, den ein liebender Vater uns sendet, der gar nicht so fern ist, wie viele Menschen glauben.
In solchen Augenblicken bemerkt man, was eigentlich wirklich wichtig ist, wie wertvoll ein gutes Miteinander, eine gute menschliche Beziehung, eine starke Familie tatsächlich sind. Man bemerkt schnell, dass es keine absolute Sicherheit gibt. Etliche Dinge sind von Menschen verursacht, einiges können wir uns zurzeit noch nicht erklären, und die Frage nach dem "Warum" kann noch nicht zielsicher beantwortet werden.
Doch haben solche Herausforderungen, die in gewissem Maße zu allen Zeiten auf der Erde zu finden waren, bei all dem negativen auch eine positive Seite. Man fragt nach dem Sinn des Lebens, man beginnt über das, was danach kommt, sich Gedanken zu

machen, man erlebt den Augenblick bewusster und man begreift im gewissen Maße seine Ohnmacht.
An dieser Stelle erlaube ich mir darauf hinzuweisen, dass es eine höher stehende Ordnung gibt, dass die Erdenzeit eine Zeit des Lernens ist, um uns auf eine größere und höherwertige Zukunft vorzubereiten. Mehr und mehr beginnt man zu verstehen:
Dass die wirklich wertvollen Dinge, die sind, die uns ein "Morgen" ermöglichen. Dazu gehören die lebensnotwendigen Materialien, die uns körperlich leben lassen und im Besonderen die geistigen Besonderheiten, die uns begreifen lassen, dass wir die Kinder eines Vaters im Himmel sind.

Wenn Du Deinen Mitmenschen als einen Teil des Göttlichen begreifst, achtest Du ihn und seinen Schöpfer viel mehr, - denn auch Du trägst ein göttliches Erbe in Dir.

Gerhard Jobs

Braunschweig den 24.03.2015

Ein gutes, erfolgreiches Leben hat Strukturen.

Man denkt tiefgründig und handelt umsichtig,

. . . es wird nichts nur dem Zufall überlassen.

Es war schon immer so!

Mit einer angemessenen Bezahlung, mit Geld, kann man fast alles auf der Erde bewegen.
Man kann Menschen verdingen für sich zur Arbeit, sie entschädigen für ihnen zugefügtes Unrecht, sie damit beschenken, um ihnen damit eine große Freude zu machen   - um für sie Träume wahr werden zu lassen. Notleidende aus ihrem Elend holen und dabei sich selbst prüfen, ob man nicht zum Sklaven des Geldes geworden ist.

Man kann Menschen leider auch dazu bewegen, sich selbst für Geld hinzugeben.
Sie zum Lügen und Täuschen, zum Schweigen und Aussagen, zum Stehlen und zum Töten verleiten.
Ja, das war schon immer so, selbst unserem Heiland ist es nicht anders ergangen: Für Geld wurde er verraten, für Geld wurde eine Lüge in die Welt gesetzt, um seine Auferstehung zu leugnen.

Für Geld verkaufen Menschen Ihre Seele.
Wir sehen daran, es gibt mindestens immer zwei Seiten, und somit sind wir veranlasst zu entscheiden - jeder kann und sollte die freie Entscheidung nutzen.
Du entscheidest, das Geld eröffnet Dir nur Möglichkeiten.

Wie wir uns entscheiden, ist wesentlich für dass, was wir hier auf der Erde erleben und wie unsere ewige Zukunft aussehen wird.

Er, unser Erlöser, er hat uns den notwendigen Rat erteilt und auch die notwendigen Hilfen an die Hand gegeben, sodass wir hier auf der Erde erfolgreich sein können und einer sicheren und glücklichen Zukunft entgegensehen dürfen.

Gerhard Jobs

Braunschweig den 3. April 2015

Sich entscheiden zu müssen ist unumgänglich,

denke jedoch daran,

dass du die Folgen deiner Entscheidungen

wirst tragen müssen!

Das Erwachen der Natur!

Die Sonne steigt schon höher den Horizont hinauf, ihre wärmende Kraft ist deutlich zu spüren und nun kann man es hören, auch sehen, dass sich in der Natur schon etliches regt.
Die Nacht beginnt früher dem Tag zu weichen. Früh am Morgen hört man zeitig das Zwitschern und Tirilieren der Vögel in Baum und Strauch.
Die Frühlingsblumen zieren viele Vorgärten und auch an geschützten Stellen in der freien Natur ist schon ein grüner Schimmer, bedingt durch das Aufbrechen der Knospen, zu sehen. Auch zartes Blattwerk zeigt sich gelegentlich schon.
Die Frauen "liebäugeln" schon mit dem Frühjahrsputz, die Männer denken gelegentlich über eine gründliche Reinigung ihres Autos nach. Auch wartet für manche Familie der Garten auf den ersten größeren Einsatz.
Und wie steht es mit uns selbst? Täte bei uns eine gründliche Reinigung unserer Gedankenwelt not?
Gibt es noch eine notwendige Aussprache zu führen? Sollten vielleicht die von mir am Jahresanfang vorgenommenen Ziele umfassender angestrebt werden? Sind meine Gefühle für meine Familie, für meine Mitmenschen vorbehaltlos im Positiven zu finden? Habe ich die Hilfe und Zuneigung meines Schöpfers dankbar angenommen? Mich als eines seiner geliebten Kinder begriffen?
Alles, was wieder emporsprosst, was dabei ist zu erblühen, was allem Leben gibt ist von ihm und durch ihn.
Er, der Schöpfer, ist der Herr über das Leben und über den Tod. Lasst unser aller Herz zu ihm, für seinen ewigen Plan für uns Menschen, seinem Plan für die ganze Schöpfung, mit Dank erfüllt sein. Denn hat er nicht seinen Sohn gesandt, den Erlöser, der zu

ihm gegangen ist, um für uns, seine Kinder, Wohnung bei ihm, seinem und unserem Vater zu schaffen?

Ja, wir haben eine ewige Bestimmung, eine ewige Zukunft, . . . das ist unsere Hoffnung, unsere Errettung.

Gerhard Jobs

Braunschweig den 02.05.201

In jedem Anfang ist auch schon ein Ende vorgesehen,

doch schenkt dir auch jedes Ende einen neuen Anfang.

Der "liebe Gott" und die "lieben Mütter"

haben eine schwierige Aufgabe!

(Gott ist ein liebender Gott)

Welche Aufgaben sind denen des himmlischen Vaters am nächsten? Die einer Mutter!
Beide möchten bei ihren Kinder eine Veränderung zum Guten bewirken. Natürlich ist der Wert des Vaters dabei nicht außer Acht zu lassen und dennoch liegt in der Regel die Hauptlast der Erziehung bei der Mutter.
Bei den Versuchen Menschen zum Guten zu verändern, hat der Widersacher leider auch noch ein gewichtiges Wort mitzureden. Der Widersacher bestärkt ständig jeden in dem, was ihm leicht fällt und Spaß macht, ohne ihm wirklich einen Fortschritt zum Guten zu ermöglichen.
Sein Ziel ist: „Es muss den Menschen Zeit kosten.",
die hat er dann nicht mehr, um zu lernen, anderen zu helfen, über Gott etwas in Erfahrung zu bringen und so weiter.
Es gilt, den Menschen mit möglichst viel Belanglosem hinzuhalten. Er bietet Spannendes, das begeistern soll, um dann tatsächlich sein ausgesuchtes Opfer mit Nichtigkeiten zu beschäftigen. Etwas das möglichst einfach ist, was dir keine Mühe macht, was dir keine Änderung abverlangt. Bequem soll es sein, darum ist er, der Satan, vielen Menschen oft viel angenehmer als unser himmlischer Vater.
Ganz anders dagegen sehen die Bemühungen unseres Vaters im Himmel aus. Denn was du heute tust, sollte dir eine Entwicklung, ein glückliches Morgen eröffnen. Es soll dich auf das vorbereiten, was du nicht nur heute, sondern auch in Zukunft gebrauchen kannst.

Sehr ähnlich ist das Bemühen einer guten Mutter. Worte wie: „Du musst zuverlässig sein! Du musst die Wahrheit sagen, damit man dir vertrauen kann! Sei bitte pünktlich! Räum doch bitte wieder einmal dein Zimmer auf! Mach endlich deine Schularbeiten! Zieh bitte neue Unterkleidung an! Wie lange willst du die dennoch tragen? Wer sich wäscht, riecht besser. Bitte sei ein wenig freundlicher, ärgere deine Geschwister nicht, das möchtest du doch auch nicht haben!" Das sagen Mütter oft.
Wir bemerken schon, fast endlos könnte man diese Aufzählungen fortsetzen, . . . und wer kann sich an solche oder ähnliche Worte nicht erinnern? Ja, bestimmt haben auch wir gute Mütter gehabt oder hatten sie. Sie haben es auch verstanden nicht – zu vergessen – für genügend Freiraum zu sorgen, sodass ihre Kinder sich entspannen konnten, – um Zeit für ihr Kindsein zu haben. Auch mit Lob im richtigen Augenblick sind sie bestimmt zur Stelle gewesen.

Tatsächlich haben unser aller Herr und Gott sowie unsere Mütter den schwierigen aber wertvollen Part übernommen, der Veränderung zu Gutem bewirkt, . . . ja das ist wirkliche Liebe. Immer war und ist es das Bestreben unseres Vaters im Himmel wie auch das unserer irdischen Mutter, das Beste ihrem Kind angedeihen zu lassen.
Danke Herr für deine Liebe und für solche guten Mütter! Ja wir Männer und auch die dazu gehörenden Kinder sollten Dank empfinden und somit unser Handeln danach ausrichten. . . . und dies nicht nur zum Muttertag.

                                        Gerhard Jobs

                              Braunschweig den 13.05.2015

Es gibt Dinge, die stehen außerhalb unserer Macht,

doch für unseren Schöpfer gibt es keine Grenzen,

. . . darum lasst uns in allem ihm vertrauen,

es wird zu unserem Besten sein.

Erledige, was notwendig ist umgehend,

versöhne dich, bringe alles in Ordnung,

. . . denn du weißt nicht,

ob es dir morgen noch möglich ist.

Veränderungen!

Veränderung ist notwendig und führt zu Gutem, wenn die dazugehörenden festen Werte nicht aufgegeben werden.
Auch hierin wird die Notwendigkeit von Gegensätzen aufrechterhalten: Bewegliches ist gut, wenn es auf einer festen Grundlage steht. Veränderung: ja! Feste Werte: ja!

Betrachten wir einiges aus den letzten gut 50 Jahren: Vor vielen Jahren sprach man von einer Reise, man gehe auf einen Trip. Wie viel anders ist es heute, wenn man von einem Trip spricht. Worte haben teilweise ihre Bedeutung verloren oder sind ins Umgekehrte verkehrt worden.
Ein heute sehr geläufiges Wort, das etwas Besonderes zum Ausdruck bringen soll, beschrieb früher einen körperlichen Zustand und galt als obszön. Auch konnte man früher nicht, ohne sich viel Ärger einzuhandeln, einen Menschen anderen Geschlechts noch ab 22:00 Uhr auf seinem Zimmer behalten. Heute wird einem fast das elterliche Schlafzimmer angeboten.
Wenn alle Werte sehr schnell und zu krass ihre Bedeutung verlieren, ist es dann nicht verwunderlich dass vielen Menschen, besonders jungen Menschen, die Orientierung verloren geht?
Gibt es noch unverrückbare Werte? Gibt es absolute Wahrheit? Oder ist alles nur relativ?
Selbst Erwachsene sind sich ihrer eigenen Werte nicht mehr sicher. Bin ich modern genug oder gehöre ich schon zu den steifen, verknöcherten Alten?
Wir brauchen immer noch feste Punkte zur Verankerung für unsere Verhaltensmuster. Einen geistigen Leuchtturm, um lenkende und warnende Signale auszusenden.
Es gibt immer noch Werte, die richtig waren, richtig sind und immer richtig sein werden.

Empfehlungen wie Ehrlichkeit, Nächstenliebe, Achtung der Menschenwürde, Respekt vor dem Alter, die guten und so alten "Zehn Gebote", werden ihren Wert nie verlieren. Man kann sie beiseite rücken, sich über sie lustig macht, sie sogar verbieten: Und doch sei hier versichert, die Folgen dieser Saat der Ablehnung bewährter Tugenden bringen Früchte hervor, die zu Verrohung, Streit, Krieg und Elend führen.
Ein Teil davon ist schon jetzt zu sehen. Egoismus, Rücksichtslosigkeit, eine Welt ohne Mitleid und das Ablehnen des Schöpfers sind derzeit auf der Erde zu finden.
Doch was hat der gesagt, der alles erschaffen hat und der um unserer Erfahrung willen uns diesen großen Spielraum eingeräumt hat, unser Handeln selbst zu bestimmen, ... selbst ihn, den Schöpfer, abzulehnen.
Gesagt hatte er es deutlich genug, dass die Menschheit sich selbst für ihren Untergang bereit macht.
Es würde zu weit führen, zu lange dauern, um alles aufzuführen, was uns bevorsteht. Wenn sie es wissen wollen, lesen sie in den "Heiligen Schriften", vornehmlich in der Bibel, wie aber auch in weiteren "Heilige Schriften". Bedenken wir: Gott hat zu vielen Völkern gesprochen und nicht alle Worte, die von ihm gesprochen wurden, sind nur in der Bibel zu finden. Wie viele Worte der Apostel mag es noch geben die nicht in der Bibel stehen? Wer will Gott verbieten, auch heute zu seinen Kindern zu sprechen?
Als der Sohn Gottes auf der Erde war, wurde er von den meisten Menschen nicht verstanden. Würden wir ihn verstehen, wenn er heute auf der Erde leben und predigen würde? Dennoch ist es für den, der will möglich ihn zu finden, und somit für sich selbst die richtige, die von Gott für den Suchenden gewollte Lebenseinstellung zu erlangen. Und wir würden dabei erkennen, dass wir absolute Wahrheiten brauchen.

Um alles zu erörtern, bleibt hier nicht genügend Zeit. Es lohnt sich aber darüber nachzudenken, in den Schriften zu forschen und Gott zu fragen, weil die notwendigen Antworten von Gott kommen müssen, . . . unsere Intelligenz hat Grenzen.

Gerhard Jobs

Braunschweig den 29.06.2015

Wenn Du Dich selbst veränderst.

hast Du einen Teil der Welt verändert.

Achte also sehr genau darauf,

welche Veränderung Du nimmst.

Winter!

Haben Sie schon einmal Tiere um ihren Winterschlaf beneidet? Nicht die Kälte ertragen zu müssen? Außerdem würde man noch die Energiekosten sparen.
Man würde erst wieder im Frühjahr aufwachen, die Bäume zeigten schon ihr erstes Grün und die Schneeglöckchen hätten schon ihre Köpfchen gesenkt. Vielleicht würde man schon das Summen der ersten Bienen hören und gelegentlich schon die wärmenden Strahlen der Sonne genießen. Wäre das wirklich wünschenswert? Vielleicht! Oder nicht?
Wenn das für uns so gut wäre, hätte es der Schöpfer bestimmt so eingerichtet, dass es keinen Winter geben würde.
Keinen Winter? Nie könnten wir zusehen, wenn die Kinder einen Schneemann bauen oder die Jungen mit einem Schneeball nach den Mädchen werfen würden. Auch könnten wir nicht sehen, wie die Kinder fröhlich jubelnd mit ihren Schlitten einen steilen Abhang hinunter braust en. Und wie schön ist es auch für uns Erwachsene, wenn wir aus der Kälte kommend uns die Hände warmreiben und dann einen heißen Tee genießen. Auch wäre uns vielleicht die Gelegenheit entgangen, dass wir jemandem helfen könnten, durch Anschieben seinen Wagen wieder in Gang zu bringen. Und nicht das erste Mal ist durch solch eine kleine Liebestat ein gutes Gespräch oder vielleicht sogar eine Freundschaft entstanden.
Belassen wir es doch einfach so, wie es unser Schöpfer für uns vorgesehen hat. Versuchen wir das Gute in allen Dingen, die uns umgeben, zu erkennen. Unsere Einstellung bestimmt, ob wir etwas positiv oder negativ für uns wahrnehmen.
Mit diesen kleinen Zeilen möchte ich Ihnen ein wenig Mut machen, mit Freude den Winter zu genießen.

Gerhard Jobs
Bonn den 07.01. 2016

Die Gebote Gottes geben uns Sicherheit!

Wir leben in einer sehr interessanten Zeit. Vieles ereignet sich, überstürzt sich fast. Dabei werde ich den Gedanken nicht los, dass etliches davon, was zu unserem Nachteil geschieht, von uns Menschen selbst verursacht wurde. Je mehr sich die Menschen in Sünde verstricken und dadurch sich immer weiter vom Gott entfernen, sind sie viel zu oft sich selbst überlassen. Dies hat zur Folge, dass solchen Menschen die göttliche Führung nicht mehr zur Verfügung steht und sich selbst überlassen sind. Wohin das führt, wenn die Menschen mit ihren unterschiedlichen Wünschen, Begierden und Absichten ihre eigenen Wege gehen, ist sehr gut zu erkennen. Streitigkeiten, Kriege, Ausgrenzung und vieles mehr sind dann auf der Erde zu finden.
Die Geschichte hat in Jahrtausenden gezeigt, dass die Menschen, sind sie auf sich allein gestellt, also sich selbst überlassen, letztlich keine zufriedenstellende Lösungen für ihrer Probleme finden. Es bedarf des "berühmten Punktes außerhalb der Erde, um sie aus den Angeln zu heben". Letztlich hängt das Schicksal der Menschheit davon ab, ob sie ohne Hilfe versucht, alles zu meistern oder ob sie daran glauben kann, dass es einen Gott gibt, der sie gerne zum Guten führen möchte. Um alle Menschen zu allgemeingültigen Regeln, zu einer gemeinsamen Richtung zu bewegen, bedarf es einer Intelligenz, die größer ist als die, die bei den Menschen zu finden ist.
Alles, was uns umgibt, vom kleinsten Teilchen bis zur Größe des Universums deutet darauf hin, dass es eine größere Intelligenz gibt, als wir Menschen es uns vorstellen können. Wenn es eine Intelligenz gibt, die so Großes erschaffen hat, so kann sie sich bestimmt auch um den Menschen, um einen Teil seiner Schöpfung, nämlich um uns, kümmern. Wie gut und wirkungsvoll sind doch "Seine Gebote, Ratschläge und Anweisungen". Allein

in den Zehn Geboten kann man viel finden, was das Miteinander leichter vonstattengehen lässt.
Da gibt es kein Rätselraten, keine notwendigen Fragen nach dem, was richtig ist. Der Herr hat uns durch seine Richtlinien und Geboten mitgeteilt, was er von uns erwartet, was uns dem Leben einen Sinn geben lässt und wo wir unsere Schwerpunkte zu setzen haben. Damit haben wir einen Maßstab, woran wir unsere Aufgaben und Lebensziele messen können.
Ich möchte in diesem Zusammenhang nur eines der Gebote herausnehmen, das Gebot "Du sollst nicht begehren"   - - - was würde sich damit alles ändern! Kein Beneiden, kein Diebstahl, kein Ehebruch, viel weniger Leid würde es allein schon dadurch auf der Erde geben.
Von den anderen Geboten, wie zum Beispiel Vater und Mutter zu ehren und das berühmte Gebot der Nächstenliebe ganz zu schweigen.
Akzeptieren wir diesen besonderen Maßstab, diese von einer höheren Intelligenz gegebenen Richtlinien!
Dadurch haben wir berechtigte Chancen mehr Sicherheit, Frieden und persönliches Glück auf der Erde zu erleben.

Ich möchte in diesem Zusammenhang nur ein Gebot herausnehmen, welches in der heutigen Zeit sehr an Bedeutung verloren hat und doch ist es ein Bündnis, das zwischen dem Menschen und Gott steht. Ich möchte somit kurz auf die Sabbatheiligung, den Wert des Sonntags, eingehen.
Da der Herr den Sabbat, für uns also den Sonntag, für heilig erklärt hat, zeigt die Beachtung, die wir diesem Tag schenken, wie sehr wir den Herrn lieben und bemüht sind, seine Gebote zu halten. Der Sonntag ist ein besonderer Tag, der sich bewusst und sichtbar von den Wochentagen unterscheiden soll. Der Herr hat ihn uns unter anderem zum Ausruhen, zum Bemühen die Absichten Gottes besser erkennen zu können, zum Nachsinnen

über den wirklichen Wert des Lebens und zum Dienen an unseren Mitmenschen gegeben. Ich bin mir sicher, dass der Herr denjenigen segnet, der das Gebot der Sonntagsheiligung beachtet. Der Herr ist es wert, als unser Schöpfer, dass wir ihm an diesem besonderen Tag Ehre erweisen. Jeder mag für sich selbst nachdenken und entscheiden, welchen Wert der Sonntag, der Tag des Herrn, für ihn hat. Ich bin mir sicher, dass jeder, der den Sonntag heilighält, wissen und somit erfahren wird, dass der Herr seinen ihm dienenden Knecht nicht unbelohnt lassen wird.
Wie nahe wir dem Herrn wirklich sind, wie sehr wir ihn lieben, zeigen wir ihm unter anderem dadurch, in welcher Form wir seinen heiligen Tag beachten. Wie wir das tun, kann ein Gradmesser dafür sein, wie sehr wir den Herrn wirklich lieben.

                                                Gerhard Jobs

                                       Braunschweig den 18.08.2015

Ein Hoffnungsstern ist uns erschienen,

        in jener ereignisreichen Winternacht.

Befreit sind wir durch ihn hienieden,

        von allem erdenklichen Ungemach.

… allein durch ihn findet die Seele Frieden!

Viel zu spät erkennt man den Wert eines Menschen?

Das erste Mal traf ich sie in unserem Einkaufsmarkt. Sie stand vor mir an der Kasse, grauhaarig, mit Falten an ihren Händen und in ihrem Gesicht. Langsam legte sie die von ihr gekauften Waren aus dem Einkaufswagen auf das Band. "Die Weintrauben hätten sie auswiegen müssen", sagte die Kassiererin und fuhr fort: "Ich mach das schon", stand auf und verließ die Kasse. Ein zaghaftes "Dankeschön" sagte die alte Frau zu der Kassiererin, als diese wieder Platz genommen hatte. Unbeholfen suchte sie das nötige Geld aus ihrem Portemonnaie, um all das von ihr Gekaufte zu bezahlen. Recht mühsam fiel es ihr, alles wieder in den Einkaufswagen zu legen. Und wie zu allem Übel, fiel ihr noch das Portemonnaie aus ihrer kleinen Umhängetasche. Sie hatte es in ihrem Bemühen sich zu beeilen nicht richtig eingesteckt. Sie tat mir leid, schnell hob ich es auf sowie auch das Bild, das wohl dabei aus dem Portemonnaie gefallen sein musste. Ich warf einen flüchtigen Blick auf das Bild, und ich sah eine wunderschöne Frau, etwa in einem Alter von 20 Jahren. "Sind Sie das?", fragte ich. Sie nickte stumm. Es war ein Schwarz-weiß - Bild, und dennoch konnte ich mir gut vorstellen, dass sie mit ihrem schönen dunklen etwa schulterlangem Haar, das ihr Gesicht umrahmte, eine attraktive Frau gewesen sein musste. "Das ist aber ein schönes Bild, nein, Sie waren wirklich eine schöne Frau." Und man konnte diesen Worten mein Erstauntsein gut entnehmen.

"Ein bisschen schneller geht es aber nun wirklich, man hat ja nicht endlos Zeit. Ihre Privatgespräche könnten sie doch auch woanders führen!", hörte ich eine Stimme hinter mir sagen.

Schnell hatte ich meine gekauften Sachen verstaut und bezahlt und bin dann wieder zu der Frau gegangen, die gerade dabei war, das von ihr Eingekaufte aus den Einkaufswagen zu nehmen und in ihren Trolley zu platzieren. Ich fragte ob ich noch helfen könne, was sie verneinte. "Ich komme schon zurecht, niemand wartet auf mich, ich habe Zeit. Manchmal, wie jetzt eben gerade merke ich doch sehr, dass ich schon sehr alt geworden bin". "Kann ich Ihnen wirklich nicht helfen?" "Nein danke, ich komme schon zurecht, und das muss ich auch." Ich wünschte ihr dann noch einen schönen Tag und ging meines Weges. Irgendwie hat sie mich an meine Mutter erinnert, die viel zu früh vor kurzem verstorben war. Bestimmt war diese Frau auch eine Mutter von Kindern, hatte sich vielleicht rührend um ihren Mann und um ihre Kinder gekümmert, den Haushalt geführt und mit ihnen gute wie auch sorgenvolle Stunden verbracht. Was ist das nun für ein Leben, wie mühsam fällt einem doch alles im Alter, und wer weiß schon etwas von dem gelebten Leben. Vielleicht war sie ehrenamtlich engagiert, hat den Krieg miterlebt, hat mitarbeiten müssen, um das notwendige Geld nach Hause zu bringen. Auch war sie bestimmt eine gute Nachbarin, war vielleicht sehr lustig und hatte kaum einen Tanz ausgelassen, wenn sie mit ihrem Mann an einem geselligen Vergnügen teilnahm. Irgendwie berührte mich dies alles. Ich hatte nur eine alte Frau gesehen und wie viel Leben sie doch noch hat, - ja, wie viel Erlebtes steckt in so einem Leben? Irgendwie hatte ich gelernt, jetzt andere Menschen verbunden mit einer möglichen Geschichte zu sehen. Da war sie nun, eine alte Frau wohl kaum beachtet, oft langsam, von manchen sogar als ein Ballast für die Gesellschaft gesehen. Wie kurzsichtig. Was hat so ein Mensch nicht schon der Gesellschaft gegeben, ihr überhaupt eine Existenz ermöglicht? Ich gebe zu, dass mir ein wenig wehmütig ums Herz wurde, und ich musste aufpassen, dass mir keine Tränen in die Augen traten. Was würde man dann von mir denken, - ein Mann, der weint. Ich öffnete mein Portemonnaie, denn auch ich habe immer ein Bild bei mir, auf dem meine Frau und ich abgebildet sind. Das waren wir einmal? Was bedeutet mir mein und das Leben meiner Frau? Wann werde ich mit einem Trolley einkaufen gehen? Vielleicht auch ganz allein?

Gerhard Jobs

Braunschweig den 25.08.2015

Der Mensch kann etliches ersinnen,

                konstruieren und gestalten,

es kann sich vielleicht bewegen,

        vom Boden erheben oder uns nützlich sein,

. . . . was Gott erschaffen hat, das lebt.

Wie sollte sich auch das Geschöpf

              über seinen Schöpfer erheben wollen!

Darf der Staat anstelle der Familien die Erziehung der Kinder übernehmen?

Die beste Entwicklung nimmt ein Kind, wenn es von der Mutter wie auch vom Vater angeleitet, geliebt und an die Hand genommen wird. Durch dieses gemeinsame Miteinander baut sich eine innige Beziehung zwischen dem Kind, oder Kindern, und den Eltern auf. Gemeinsame Erlebnisse, zärtliche Berührungen, weitergegebenen Informationen wie auch notwendige Bewertungen einer Sache und auch Zurechtweisungen schaffen ein tiefes und inniges Empfinden füreinander.

Wenn beide Elternteile arbeiten gehen und abends nur noch für zwei oder drei Stunden Zeit und Kraft für die Kinder haben, ist dies entschieden zu wenig. Weil die Eltern nach der Arbeit oft abgespannt sind und auch Zeit für sich brauchen, bleibt nicht mehr viel Zeit für das Kind oder die Kinder. Auch die Kinder benötigen genügend Schlaf und werden somit relativ früh ins Bett gehen müssen.
Somit besteht kaum Zeit für das so wichtige und notwendige Miteinander. Eltern lernen daher gar nicht die Sorgen und Bedürfnisse von sehr jungen Menschen richtig kennen. Da kann man sich schon fragen, ob es besser wäre überhaupt keine Kinder zu haben, als sie so gut wie gar nicht zu betreuen.
Die Kinder dem Staat überlassen, fremden Personen, von denen man gar nicht weiß, in welche Richtung sie die Kinder erziehen,

welche Maßstäbe diese Erzieher selbst an den Tag legen. Wo stehen sie politisch, moralisch und in kultureller Hinsicht? Welche Eltern können, und wollen die Verantwortung übernehmen, ihren Kindern in dem schon angedeuteten Maße der Einwirkung fremde Menschen zu überlassen? Und sie so einem unkontrollierten Einfluss aussetzen? Wundert es einen da noch, dass Eltern und Kinder sich nicht verstehen?
Leider gibt es Situationen, wo ein Elternteil die Erziehung übernehmen muss und somit als Alleinverdiener auf staatliche oder anderweitige Betreuung angewiesen ist. Da sind diese Einrichtungen für diesen Elternteil der einzige Ausweg, - leider.

Natürlich, die Wirtschaft des Staates braucht Arbeitskräfte, somit wird es gern gesehen, wenn beide, Mann und Frau arbeiten gehen. Auch der Staat unterstützt erstaunlicherweise stark, dass Vater und Mutter arbeiten gehen sollen, warum würden sie sonst Unternehmen dazu raten und selbst so viele Krippen- und Kindergartenplätze einrichten und finanzieren? Wie sicher kann man sein, dass nicht vielleicht sogar der Staat eines Tages, oder vielleicht sogar jetzt, bewusst stark auf die Erziehung der nächsten Generation Einfluss nehmen will, sie für sich und seine Ansichten gefügig zu machen sucht? All dies gab es schon in China, Russland, Deutschland, wo Parteien, Staatsorgane, alles nach Ihren Wünschen in ihre Hände nahmen.

Wie sieht denn die Betreuung in solchen staatlichen Stellen aus? Wie viel Zeit hat man dort, die Betreuung ordentlich vorzunehmen? Eine Person ist da vielleicht für ca. zehn und mehr Kinder verantwortlich. Oft werden die Kinder kaum zufriedenstellend versorgt (. . . und verzeihen Sie mir den überzogenen und auch drastischen Vergleich "Betreut wie Kaninchen im Stall"). Sie bekommen zu essen, werden ruhig gehalten, und mit einem Gedankengut vertraut gemacht, das nicht unbedingt dem verantwortungsbewusster Eltern entspricht. Vielleicht haben wir es auch nicht besser verdient, wenn die Hauptgedanken vieler Menschen darum kreisen, möglichst viel Freizeit für sich selbst zu haben, Geld zu verdienen, sich nur zu fragen: "Wann kann ich in Urlaub fahren? Bin ich in der Gesellschaft erfolgreich, schaut man Ehre bekundend auf mich?"

Für solche Menschen ist es die erste Frage: "Was habe ich davon, was springt für mich dabei heraus?" Vielleicht sollte man froh sein, wenn in solchen Familien nur 1 oder 2 Kinder pro Familie vorhanden sind.

Sicher mag es Eltern geben, die schon so weit in der Moral und in der Lebenstüchtigkeit herabgesunken sind, dass ein Kind in einer staatlichen Einrichtung besser aufgehoben ist, aber das ist noch nicht, so hoffe ich, die Regel. Ich kann nur an die Eltern appellieren, die noch Verantwortungsgefühl und Liebe zu ihren Kindern haben, vielleicht sogar göttlichen Einfluss zulassen, besonders während der ersten 4,5, möglichst mehr Lebensjahre, sich um ihre Kinder zu kümmern. Je früher und konstanter die Erziehung und Betreuung der Kinder durch die Eltern geschieht, um so tiefer ist die Bindung zwischen Eltern und Kindern. Die Eltern können die Bedürfnisse der Kinder selbst erfahren und dem jungen Leben gute Anleitung geben. So werden starke und sich verstehende und sich liebende Familien entstehen, die auch der Gesellschaft am besten eine Hilfe sein können.

Zu akzeptieren wäre, da viele Eltern nur noch ein oder maximal zwei Kinder haben, sie vielleicht für ein Jahr vor dem ersten Schuljahr, einer gewissen größeren Gemeinschaft für einige Stunden auszusetzen. Dann aber mit dem Kind, die von ihm erlebte Zeit zu besprechen, um notfalls Fehlinformationen richtigzustellen. So könnte sogar ein sogenanntes "Vorschuljahr" für das Kind erlebbar, gefahrlos und auch sinnvoll sein.

Etliche Journalisten, Wissenschaftler, Sozialpädagogen plädieren vehement für die vom Staat eingerichteten Unternehmungen. Man muss sich fragen, welche Absichten damit verfolgt werden!

Gerhard Jobs

Braunschweig 26.08.2015

Keine Institution kann gute Eltern ersetzen.

Die Liebe einer guten Mutter und die eines guten Vaters für ihre Kinder

werden fremde Personen nie aufbringen.

    Sie sind oft ja

        nur bezahlte Knechte!

Beharrlichkeit

Einiges im Leben fällt uns nicht einfach zu, wir müssen zielstrebig an der Sache dran bleiben. Viele große Dinge sind nur mittels vieler kleiner Schritte erreicht worden. Aussprüche wie "Rom wurde auch nicht an einem Tag erbaut" oder "am Ende wird abgerechnet "weisen auf notwendige Ausdauer hin. Man könnte auch sagen: "Der letzte Pinselstrich vollendet das Bild." Auch in den Heiligen Schriften werden wir oft aufgefordert "bis zum Ende auszuharren". Sicherlich können wir uns vorstellen, dass es auf dem Weg zum Ziel, während der vielen kleinen Schritte, viele Stunden des sich Mühens und Plagens gegeben hat. Da war Mutlosigkeit, ja sogar Verzweiflung zu überwinden.

Viel zu schnell wird ein Studium abgebrochen, eine Lehre nicht weiter fortgeführt, eine Ehe beendet. Sicher wird es Situationen geben, wo ein Schnitt, ein Ende notwendig ist, – doch sollte dies erst nach wirklichem Bemühen, nach notwendiger Aussprache und auch dem Hinzuziehen von Hilfe anderer, als letzter Ausweg gesehen werden. Zu viel gute Zeit ist verloren gegangen. Beinahe jeder Neuanfang bedeutet in der Regel, ich werde mehr Zeit brauchen, um ein Ziel zu erreichen und ich werde mich mit den neuen Situationen anfreunden müssen, die sich dann vielleicht auch als scheinbar unlösbar herausstellen könnten. Man sollte sich schon prüfen: "Ist das, was ich gerade mache und mir Schwierigkeiten bereitet, wirklich nicht lösbar? Mache ich es mir vielleicht zu leicht? Kann ich mit Sicherheit annehmen, dass das Neue, was ich in Angriff nehmen will, mir leichter fallen wird?"

Natürlich ist es unbedingt wichtig, zu Beginn sich gründlich zu informieren, um herauszufinden, ob das, was ich erreichen will von mir zu schaffen ist. Selbstüberschätzung führt eben zu solchen dann nicht zu lösenden Aufgaben.

Doch ist festzustellen, dass viele auch größere Dinge durch Fleiß und Beharrlichkeit erreicht werden können. Selbst einem intelligenten Menschen wird, wenn er faul ist, selten das ganz Große gelingen. Ist jemand intelligent und fleißig, und wenn dann auch noch ein Quäntchen Glück dazu kommt, ist ihm fast alles möglich. Aber noch einmal deutlich hervorgehoben: Es ist durch stetes Bemühen sehr viel zu erreichen, was manch einem Intelligenten ein Staunen abringt. Auch gute Schulnoten sind in der Regel eine Kombination aus Intelligenz und Fleiß.

Gerhard Jobs

Braunschweig den 01.09.2015

Die Macht der Gedanken.

In einem alten Volkslied heißt es im Text: "Die Gedanken sind frei". Gut ist es, dass unsere Gedanken nicht kontrolliert werden können. In seinen Gedanken kann man sich richtig unbeobachtet auszuleben.
Doch sollte man sich wirklich unbegrenzt ausleben? Selbst wenn auch nur in Gedanken? Oder sollte auch das "Sichausleben" Grenzen haben? Sind nicht die Gedanken die Vorläufer unserer Taten?
Wenn man die Gedanken seiner Mitmenschen manipulieren könnte, in der Lage wäre, deren Gedanken in eine gewünschte Richtung zu lenken, dann hat man wohl das größte Maß an Beeinflussung erreicht. Sanft, für sie unbemerkt, könnte man sie zu Tätern machen. Sie wären wie "Schläfer", die durch den richtigen Impuls ausgelöst, die gewünschte Aktion ausführen würden.
Wird nicht schon heute durch die Werbung, gezielt Ideengut, gestreut? Uns von einem gewissen Interessenkreis gewünschtes Handeln einsuggeriert? Diese heimliche Macht, die durch das Suggerieren gewünschte Gedanken entstehen lässt, wurde wohl in jedem Zeitalter angewandt. Unsere eigene deutsche Geschichte ist voll von solchen Beispielen.
Nun ist nicht alles negativ und mit Bösem behaftet, was auf uns Einfluss nimmt. Es gibt auch viel Gutes was, uns angeboten und uns zum Handeln veranlassen will. Ist nicht jede Erziehung ein Beeinflussen? Die in der Regel zum Guten führt? Jeder gute Ratschlag, zum Beispiel der unseres besten Freundes, zielt der nicht auch darauf ab, uns eine Sache neu überdenken zu lassen? Bloß, wie kann man aus dem großen Angebot der Meinungen und Ideen sicher herausfinden, was einem wirklich hilft?

Nur, wenn man genau wüsste, was richtig ist und wir die Charakterstärke hätten, uns dann auch danach zu richten, würde uns helfen, uns nicht auf falsche Wege zu begeben.
Leicht kann man es sich ausmalen, dass wir Menschen kaum die richtige Lösung finden werden. Nicht umsonst kennen wir das geflügelte Wort, das Pilatus aussprach "was ist Wahrheit?"

Hier meine Meinung als Autor:
Nur, wenn es eine Macht gibt, eine Intelligenz gibt, die viel größer ist als wir und weit über uns Menschen steht, können wir durch dieses Wesen eine wirkliche Hilfe erfahren. Und dies nur, wenn sie voller Liebe ist und allem, wie auch uns, wohlgesonnen ist.

Alles um uns herum, die ganze Schöpfung bezeugt uns, dass es einen Schöpfer gibt. Oder glaubt einer, der sich das ernsthaft fragt, dass alles einfach aus sich selbst heraus entstanden ist?
Ich habe einmal gelesen (dieser Gedanke stammt also nicht von mir): "Wenn man eine Taschenuhr in der Wüste finden würde, dass sich der Quarzsand über die Jahrmillionen über das Bilden von Zahnrädern, Wellen, einer Unruhe, Zeigern, Zifferblatt, einer Feder und Gehäuse, langsam zu einer Uhr zusammengefunden hat?"
Die Uhr wurde konstruiert und gebaut und dann verloren. Und um wie viel größer ist die Schöpfung! Die Pflanzen- und Tierwelt, die Sterne, der Mensch,   . . . einfach genial.
Natürlich haben wir freie Entscheidung zu glauben, was wir wollen.

Es loht sich also doch, für sich herauszufinden, ob es eine solche große Kraft und Intelligenz gibt, die weit über uns steht. Sie zu erkennen, ihre Art, wie sie mit uns zu kommunizieren sucht, zu verstehen, Vieles würde sich bei uns ändern, könnten wir unseren Platz in diesem wirklich Großen erkennen.

Es loht sich, auf die Suche zu gehen. Für mich kann ich sagen, ich bin fündig geworden.

Gerhard Jobs
Braunschweig den 03.10.2015

Wenn unsere Gedanken sichtbar wären,

    würden wir uns schämen müssen?

Denke wir daran, es kommt ein Tag,

    an dem nichts geheim bleiben wird.

Hätten wir unseren Körper und unseren Geist

    mit all den Wünschen, Gefühlen

        und all ihrem Wollen fest im Griff?

Dann hätten wir den größten Teil

    des göttlichen Auftrages,

    uns die Erde untertan zu machen, bereits erfüllt.

Es sind nur Kleinigkeiten

Der Wert des Großen entsteht oft nur durch Kleinigkeiten. Oft sind es die Kleinigkeiten, die das Große groß machen oder alles zerstören können.

Was ich an Dir liebe, sind die täglichen Aufmerksamkeiten. Dass du oft an mich denkst, dies ist mir oft wichtiger als ein großes Geschenk zum Geburtstag oder zu Weihnachten.

Dies ständige Sticheln, dieses ständig in meiner Nähe sein, ist nicht zu ertragen. Ich brauche auch Zeit für mich allein. Wie du dein Hemd auziehst und über den Kleiderständer hängst, sodass es zerknittert und dies jeden Abend vor dem Zubettgehen, das nervt mich. Ich muss es ja bügeln.

Unterschätzen wir nicht den Wert, die Bedeutung, die Wirksamkeit der kleinen Dinge. Es ist zu beobachten: Was bewirken diese Kleinigkeiten bei mir, bei meinem Nächsten? Welches ist meine Motivation dahinter, will ich erbauen oder zerstören? Will ich Leid erzeugen oder Glücklichmachen?

Alles Große entsteht aus der Summe vieler kleiner Teile! Aus Atomen, Molekülen oder noch kleineren Teilen. Auch der Mensch hat Teilungen zur besseren Überschaubarkeit und Anwendung vorgenommen z. B. unterschiedliche Geldscheine und Münzen oder Jahre, Monate, Tage, Stunden . . . usw.

Sprüche wie "Wer den Pfennig nicht ehrt, ist des Talers nicht wert." zeigen den Wert der kleineren Dinge.

Hier kann bei Weitem nicht der Wert der kleinen Dinge umfassend dargestellt werden. Es soll ja auch nur ein kleiner Denkanstoß geben werden, um den Wert der oft unbeachteten Kleinigkeiten, die so viel bewirken können, wieder ins Bewusstsein zu rücken.

Ich danke meinen Lesern, dass sie meine "Kleinigkeiten", die ich mir ersinne, so viel Beachtung schenken und sie überhaupt lesen.

Gerhard Jobs

Braunschweig den 12.10.2015

Schon geweint?

Wann hast du das letzte Mal geweint? Kaum einer wird uns diese Frage stellen. Vielleicht würde er es, wenn er wissen würde, wie heilsam und wichtig das Weinen sein kann. Höchstwahrscheinlich sind unsere kleineren Kinder noch so natürlich und unbeeinflusst, dass sie bei Herzeleid, Schmerz, Unwohlsein noch weinen können. Bei uns Erwachsenen wird das Weinen oft als Schwäche bezeichnet. Wer kennt nicht die Aussagen, die meistens früher eine besondere Bedeutung hatten: "Ein Mann weint nicht!" Oder der etwas salopp gesprochene Spruch soll hier einmal zitiert werden, den oft Kinder untereinander sagen: "Ein Indianer kennt keinen Schmerz." Schon länger ist bekannt, dass weinen buchstäblich ein Reinigen der Seele sein kann. Nach und nach kehrt die innere Ruhe ein, unsere Gedanken werden klarer und wir können uns viel besser wieder der Wirklichkeit stellen. Ist Ihnen aufgefallen, wenn in einem Film oder in gewissen Situationen jemand weint, sie selbst davon sehr angerührt werden? Nicht umsonst heißt der Kanal, der die Augen befeuchtet, Tränenkanal, um die Funktion der Augen zu unterstützen. Mit der Flüssigkeit der Tränen wird nicht nur äußerlich kundgetan, dass Gefühle, die von Sorgen und Kummer oder großer Freude entstanden sind, unser Inneres verlassen wollen. Die Tränen, die wir vergießen und die unsere Emotionen zeigen, lassen uns nach und nach wieder ruhiger werden und lindern nicht nur unseren Seelenschmerz. Auch bringen Sie uns, wenden wir von überaus großer Freude erfüllt sind, wieder zu den normalen Empfindungen zurück. Der Tränen braucht man sich nicht zu schämen. Gefühle dürfen wir zulassen. Sie zeigen deutlich, - dass wir fühlende Wesen sind.

Gerhard Jobs

Braunschweig 10.11.2015

Schriftstellen:

Johannes 11:33;

Matthäus 26:74,75;

Apostelgeschichte 20:37

Erwartungshaltung

Jeder möchte, dass sein Wert erkannt wird, dass seine Bemühungen geschätzt werden und somit hegt jeder auch Erwartungen, die ihm von seinem Gegenüber zuteilwerden sollten.

Wer aber setzt uns das richtige Maß, das was wir erwarten dürfen? Etwas erwarten trägt eine Forderung in sich, die wir gern erfüllt gesehen hätten. Doch da ist auch schon der Keim für ein Sichnichtverstanden-, für ein Sichbenachteiligfühlen, gelegt. Hier einige bekannte Formulierungen:

Mehrere Male haben wir diese Familie schon eingeladen, sie dagegen hat uns noch nie eingeladen.

Über Jahre haben wir dein Studium finanziert, nun wird es wirklich Zeit, dass du den Abschluss schaffst.

Wen hast du dir da ausgesucht? Deine zukünftige Braut passt wirklich nicht in unsere Familie. Aus was für einem Elternhaus kommt sie eigentlich?

Ich bin hier der Leistungsträger, etliche Male habe ich unsere Mannschaft zum Sieg geführt. Ich bin gespannt, wer der neue Kapitän unsere Mannschaft wird.

Für diesen Lohn, dieses Entgelt, können wir doch wohl sicherlich auch einiges erwarten.

Haben Sie so etwas schon einmal gehört oder vielleicht selbst gedacht? Darf man keine Erwartungen hegen? Muss man immer bescheiden bleiben und sein Licht unter den Scheffel stellen? Ist ein gesundes Selbstwertgefühl für uns selbst, sogar für unsere eigene Gesundheit nicht wichtig? Muss man sich stets unter Wert verkaufen? Welches ist denn mein Marktwert? Man kann es ja mal versuchen? Wer wagt, gewinnt.

Wo liegt das richtige Verhältnis zwischen Erwartungen und einer gerechten Anerkennung bzw. Belohnung? Zu leicht besteht die Möglichkeit, das wir die Erwartung die wir hegen und diejenigen, die sie uns erfüllen sollen es unterschiedlich sehen. Wie oft sind dadurch schon Freundschaften, Arbeitsverhältnisse und zwischenmenschlichen Beziehungen ernsthaft in Gefahr geraten? Was ist zu tun? Gibt es eine Lösung für die unterschiedlichen Sichtweisen, von der jeder meint, dass er das Rechte erwartet oder gegeben hat?

Ja, es gibt eine Lösung und die ist wieder einmal von unserem weisen Schöpfer gegeben worden.

Nämlich, wenn die Liebe, die Nächstenliebe, unsere Gedanken leiten würde, so würden wir keine übertriebenen Erwartungen hegen und andererseits würde auch die andere Seite versuchen, die Erwartungen anderer, auch unsere, zu erfüllen. Wieder einmal sehen wir, dass es die Liebe ist, die unsere Gedanken zum Wohl anderer lenkt und uns auch zufrieden sein lässt. Und wenn die

Liebe einseitig ist, was leider auch vorkommen kann, dann liebt dieser eine aber nicht. Besser ist, wenn jeder jedem Gutes tut. Und zwar mehr, als es ihm nach der strengen Lage der Fakten zustehen würde. Unberechtigte Erwartungen bitte aufgeben.

Ja, die Liebe ist wirklich ein Allheilmittel, was die Beziehung zwischen Menschen und seinem eigenen Selbst betrifft. Die Liebe gewährt inneren Frieden und erhält uns auch körperlich und seelisch gesund.

Gerhard Jobs

Braunschweig 10:11.2015

Schriftstellern:

Matthäus 22:39;   Lukas 6:32,35;   Lukas 10:27;

Johannes 123: 34,35;   Korinther 13:3-7,1

Die Spuren, die wir hinterlassen, bestimmen wir selbst.

. . . sind Deine Spuren ein Wegweiser,

    ein gutes Beispiel, eine Hilfe,

        ein Segen für andere Menschen?

Dienen Sie gern?

Alles ist auf Dienen aufgebaut! Es scheint so, als wären wir in diesem Leben zu einer gewissen Abhängigkeit verpflichtet worden. Jeder von uns ist irgendwann auf Hilfe angewiesen. Das beginnt schon bei der Geburt und es hält an bis zum Tod. Darum gibt es wohl Vater und Mutter, Geschwister, Lehrer, Polizei, Feuerwehr, Landwirtschaft, Gewerbe und Handel, Ärzte und Krankenhäuser, Altenheime, Handwerker und Firmen, Industrie, den Staat mit all seinen Bediensteten. Ja fast endlos könnte man diese Aufzählung fortführen. Somit ist leicht einzusehen, dass man dienen muss und sich bedienen lassen darf. Unsere Abhängigkeit ist größer als uns im Allgemeinen bewusst ist. Darum ist es nur zu verständlich, dass in der Heiligen Schrift so viel Wert auf Betreuen und Dienen gelegt wird. Was uns bewegt zu dienen oder dafür einen Anreiz gibt, ist unterschiedlich. Es kann die Zuneigung zu jemandem sein, Liebe, eine zu erwartende Entlohnung, Gehorsam oder Verpflichtung etc. Interessant ist es festzustellen, dass das Dienen einem nur dann schwer fällt, wenn man darin keinen Sinn sieht oder einem die Einsicht fehlt, dass es dieses Wechselspiel zwischen Dienen und Bedient werden im Leben gibt. Was macht man zum Beispiel nicht alles aus Liebe zu jemandem ohne gleich zu fragen: "Was hab ich denn davon?" Auch tut in solch einem Fall das Dienen nicht weh. So sehen wir wieder einmal mehr, dass die Liebe für fast alles der Schlüssel ist. Und selbst bei einer recht schweren Belastung kann man dabei noch Freude empfinden. Darum wird in den Heiligen Schriften und nicht nur dort, die Liebe als ein Allheilmittel bezeichnet und angewandt. Auch heißt es in der Schrift "Gott ist die Liebe"[a], -

denn niemand hat mehr gedient als Gott. Alles hat "**er**" für seine Kinder erschaffen. Aus Liebe wurde "**Sein Sohn**" unser Erlöser. Eifern wir "**ihm**" doch nach!

Somit könnte folgende Formel gebildet werden: Umso mehr du liebst, desto glücklicher bist du.

a) siehe 1. Johannes 4:8,16

Gerhard Jobs

Bonn den 07.01.2016

Wenn du dich selbst vergisst, weil du anderen dienst,

    verlieren die eigenen Sorgen an Gewicht.

Eine neue Hoffnung keimt in dir auf,

    und du blickst viel zuversichtlicher in die Zukunft.

Was lässt dich meinen, dass du mehr wert bist als andere?

Wenn du schöner bist, sei dir versichert, dass du unansehnlicher, farbloser, faltiger und vielleicht sogar dicker werden wirst. Maximal kann es heißen, dass du deinem Alter gemäß noch recht gut aussiehst.

Wenn du meinst, klüger zu sein als andere, wirst auch Du in nicht allzu vielen Jahren feststellen, dass du dich kaum noch an die Namen deiner Bekannten erinnern kannst. So ist halt das Leben. Auch wirst Du feststellen, dass du Neues viel schlechter erlernen kannst, es dauert erheblich länger.

Selbst wenn du reicher bist, ist dir dein Reichtum nicht garantiert. Wie bist du reich geworden? Vielleicht hast du nur einiges geerbt und bist so zu deinem Reichtum gekommen. Sicherlich kann es sein, dass du durch deinen Fleiß, deine Intelligenz, deine Kraft, deine Gesundheit, deine Geschicklichkeit et cetera ein Vermögen angesammelt hast. Doch es gilt zu bedenken, wer dich dazu in die Lage versetzt hat, wer dir all diese Möglichkeiten eingeräumt hat.

Selbst wenn du dank deiner Kraft und deines Zustandes sehr fit bist, dich gut fühlst und gesund bist, was dir auch weiterhin vergönnt sein mag, ist das nur ein Augenblickszustand. Du solltest dich nicht anderen gegenüber überlegen fühlen, sondern mache ihnen Mut, stärke sie, dass sie mit ihrer Lebenssituation zufrieden sein mögen. Du solltest dabei bedenken, dass es für ein Stärker- und Gesündersein andern gegenüber keine Garantie gibt.

Eine Krankheit, eine Schwäche in deinem Erbgut oder ein Unfall usw., können dir deine Vorteile schnell nehmen.

Es gibt keine absolute Sicherheit, du kannst nur den Augenblick, die Gegenwart erkennen. Darum sei nie Stolz, sondern lebe so, dass du auch nach schwerem Schicksalsschlag noch Freunde haben kannst.

Dazu sei noch angemerkt, dass Gutes wie aber auch das Schlechte, das dir auf dem Lebensweg widerfährt, dir Erfahrung bringen. Damit Du lernst, mitfühlend, vergebungsbereit und auch hilfsbereit zu sein.

Wer gab dir dein gutes Aussehen, die Gesundheit, deine Fähigkeit gut lernen zu können? Vielleicht hast du Glück gehabt und bist in einem Land aufgewachsen, wo dir eine gute Schul-bzw. Berufsausbildung ermöglicht worden ist. Du hast vielleicht das Glück gehabt, in so einem Land zu leben, dass du immer genügend Arbeit bei guter Bezahlung erhalten hast.

Gerhard Jobs

Braunschweig den 12.11.2015

Respekt vor dem Leben!

Das Leben geben ist Gotteswerk. Gott lässt die nicht ungestraft, die Leben zerstören.
Er hat es so eingerichtet, dass neues Leben auf die Erde gebracht werden kann. Er ist sehr bemüht darum, dass das Leben erhalten bleibt. Darum schenkte er uns eine vollkommene Welt. Er lässt wachsen und gedeihen. Auch lässt Gott unterschiedliche Meinungen und Lebensformen zu, damit die Menschen Gegensätze vorfinden und lernen zu entscheiden. Seine Gebote sind in dieser Hinsicht sehr deutlich: Du sollst nicht töten oder andere benachteiligen durch falsches Begehren, Verleumden, Stehlen, Lügen und vieles, vieles mehr. Den genauen Wortlaut und weitere Auflagen können wir in seinen Geboten nachlesen (z. B. im Exodus 20: 1-17). Generell dürfen wir niemandem einen Schaden zufügen; dies geht selbst schon aus zwei kleinen Volksweisheiten deutlich hervor, in denen es heißt:

"Was du nicht willst, dass man dir tu,

das füg auch keinem andern zu"

"Quäle nie ein Tier zum Scherz;

denn es fühlt wie du den Schmerz!"

Nicht nur die, die Übeltaten begehen, sondern auch die, die dazu anstiften und sie mit falschen Ideologien aller Schattierungen auf den schlechten Weg bringen, werden Gottes Strafe zu spüren bekommen. Ihnen wird kein Platz im Himmelreich in der Nähe Gottes eingeräumt werden.

Das sind die, die mit den Verdammten ihre Augen aus der Hölle erheben müssen.

Wer kann sich erdreisten, die Kinder unseres himmlischen Vaters und dies sind alle Menschen, egal welcher Nation, welcher Hautfarbe, egal welchen Glaubens, zu vernichten.
Sollten Menschen sich so verhalten haben, dass sie Bestrafung verdient hätten, behält er, der Herr, es sich vor, dieses nach seiner Weise zu tun.
Immer sollten wir alles daran setzen, den Menschen, die in die Irre gegangen sind, zu helfen, auf den richtigen Weg zurückzufinden; – ihnen eine zweite Chance geben. Wie schon erwähnt, der Herr behält es sich vor, mit Menschen, die nicht umkehren wollen und Übertreter sind, auf seine Weise zu verfahren.

Gerhard Jobs

Braunschweig den 15. 11.2015

So wie die kräftigen Sonnenstrahlen

    den dichten Nebel vertreibt,

        so vertreiben die Hoffnung

            und der Glaube die

                Mutlosigkeit und die Angst.

Selbst im kalten Winter

    kann man sehen,

        dass es noch Leben gibt.

. . . und wie dankbar sind wir unserem Schöpfer

        für jedes neue Erwachen der Natur?

Ein ständiger Kreislauf

Wie du deine Lebenszeit bis jetzt gestaltet hast, bestimmt dir deinen jetzigen Stand und ist dein Startkapital für dein weiteres Leben.
Ja bedenke, dies ist für dich jeweils ein Neubeginn:
Die Erkenntnis, die du wiederum aus deinem weiteren gelebtem Leben gewonnen hast, kann dir helfen, dein zukünftiges Leben zu gestalten.
Was du dann davon umsetzt, wird dein neuer Stand sein und auch dein neues Startkapital.

Gehe wieder zu: **Ja, bedenke, dies ist für dich ein Neubeginn** und durchlaufe diesen Kreislauf von Neuem.

Bei all dem bedenke, dass du bei jedem neuen Start eines neuen Intervalls die notwendigen Korrekturen vornehmen kannst.
Lasse zu deinen Erkenntnissen noch den Rat anderer, möglichst den der dir wohlgesonnen Menschen mit einfließen.

Die größte Kompetenz, die größte Erkenntnis und die größte Liebe für uns hat unser Schöpfer. Daher ist es ratsam, seine Empfehlungen bei deinen Überlegungen und Vorhaben mit zu berücksichtigen.

Gerhard Jobs
Braunschweig den 03.11.2015

Das neue Jahr räumt Dir Zeit ein,

   womit Du sie ausfüllst,

      wird Dich am Ende sagen lassen,

         ob es ein gutes oder ein schlechtes Jahr war.

Ohne Aussaat und Pflege keine Ernte!

      Ohne Fleiß und Ausdauer keinen Erfolg!

Ohne Rücksichtnahme und Hingabe keine Liebe!

      Ohne Demut und Liebe kein Gefallen bei Gott!

Herzklopfen
(bekommt du, hast du)

... wenn du, dich verliebt hast.
... wenn du auf die Ergebnisse der Prüfung wartest.
... wenn du in Gefahr bist, jemand dich bedroht.
... wenn du, einem dir wertvollen Menschen gegenüberstehst.
... wenn du deiner zukünftigen Braut einen Heiratsantrag machst.
... wenn du auf das Ergebnis der OP eines dir wertvollen Menschen wartest.
... wenn du erfahren hast, dass ein Krieg bevorsteht.
... wenn du gesagt bekommst, dass du für die Stelle gut geeignet bist.
... wenn Du erfährst, dass deine Lebenszeit nur noch kurz sein wird.
... wenn Du ... deinen ersten Schultag erlebst, deine Brieftasche verloren hast, deine Arbeit Dir gekündigt wurde, dein Ehepartner dich nicht mehr liebt, deine Hochzeit ein gelungenes Fest war,   .
.. dein, ... dein, ... dein , ... dein, usw.

Doch all dies sind unter anderem Situationen, die jedem Menschen, auch dir, widerfahren könnten. Darum sei umsichtig und verhalte dich so, dass du allem gut begegnen kannst,
- - - schone somit dein Herz.

Gerhard Jobs
Braunschweig den 30.11.2015

Leichtes Herzklopfen!

Heute trug sie wieder einmal ihr hellgraues Kostüm, in dem sie besonders chic und sehr fraulich aussah. Ihre kastanienbraunen Haare reichten ihr bis auf die Schultern. Ihre braunen Augen, ihr zierlicher Mund, ihre schmale Nase passten gut zu ihrem ovalen Gesicht. Sie gefiel mir und dies schon beim ersten Mal, als ich sie auf dem Gang, der zur Kanzlei Ferdinand Hoffmann führte, sah. Warum gefiel sie mir so? Ja, sie sah gut aus, aber das allein war es nicht. Sie hatte irgendwie etwas Besonderes, was ich mir eigentlich gar nicht recht erklären konnte. Ich habe schon viele gut aussehende Frauen gesehen, doch keine hat mich so in ihren Bann gezogen wie diese. Habe ich mich verändert? Habe ich neue Erwartungen, was das Aussehen, das gesamte Erscheinungsbild von Frauen betrifft? Oder gibt es etwas, was man sich eigentlich nicht erklären kann und trotzdem so eine große Wirkung auf einen ausübt. Dass jemand so eine besondere Aura hat, die einen gefangen nimmt? Sodass ich mich in ihrer Nähe, welches immer noch 5-7 Meter Abstand bedeutet, so besonders fühle? Ich kann es mir nicht erklären, doch weiß ich, dass ich so empfinde.
Ich stand noch eine Weile auf dem Flur vor der Kanzlei und war mir nicht sicher, ob ich einfach hineingehen sollte? War sie eine Klientin? War sie dort angestellt? Sollte ich noch ein Weilchen warten und sehen, ob sie vielleicht gleich wieder herauskommen würde? Ich entschied mich zu gehen, verließ das Haus, ging in ein Café und bestellte mir ein Stück Kuchen und eine heiße Schokolade. Noch eine Weile sann ich darüber nach, welches die beste Möglichkeit wäre, mit ihr in Kontakt zu kommen. Sie einfach ansprechen auf der Straße? Nein, das schickt sich für einen Mann in meinem Alter nicht. Ihr auflauern, um zu erkunden, wohin ihr Weg sie führen würde, um eventuell herauszufinden, wo sie wohnte, das wollte ich eigentlich auch nicht. Vielleicht sollte ich sie einfach nach dem Weg fragen, nach

einer Straße in der Nähe und somit einen ersten Kontakt herstellen. Irgendwie war ich sehr aufgeregt bei dem Suchen nach Möglichkeiten, "Sie" kennenzulernen.
Ob ich sie wohl wieder sehen werde? Das würde mich schon freuen.
Auch in den nächsten beiden Tagen hielt ich mich in der Nähe der Kanzlei auf, und tatsächlich sah ich sie, wie sie elegant gekleidet, flotten Schrittes in das Haus, das die Kanzlei beherbergte, ging. Diesmal hatte ich Mut. Ich folgte ihr in die Kanzlei und sah, dass sie mit einem Angestellten sprach, also sie selbst keine Bedienstete dort war. Ich hörte, wie der Angestellte zu ihr sagte: "Es tut mir leid, aber Sie müssen mit den dazugehörigen Unterlagen noch einmal wieder kommen. Und dann bekommen Sie nach dem Bearbeiten der Unterlagen den endgültigen Bescheid hier bei mir." Als ich an der Reihe war, fragte ich etwas Belangloses, bedankte mich und ging nach draußen, um zu sehen, wohin sie, meine Begehrenswerte, gegangen sein könnte. Ich konnte sie nicht mehr erblicken. Irgendwie war ich aufgeregt aber auch enttäuscht. Wieder nichts! Wiederum wurde ich Gast in dem netten Café. Diesmal hatte ich eine Idee, von der ich glaubte, sie könnte mir eine Möglichkeit eröffnen, mit ihr ins Gespräch zu kommen und vielleicht sogar mehr zu erreichen.
Auch heute ging ich wieder in Richtung der Kanzlei. Und ich sah sie. Sie war attraktiv wie immer und ich mutiger als je zuvor. Ich ging auf sie zu, lächelte sie an und fragte höflich, ob sie mir aus einer kleinen Notlage helfen könnte. Ich habe mein Portemonnaie vergessen und würde einen Euro brauchen, um die Parkgebühr bezahlen zu können. Sie schaute mich an, zögerte einen Augenblick, lächelte, entnahm ihrem Portemonnaie einen Euro, gab ihn mir und sagte: "Falls der Zufall es will und wir uns noch einmal treffen sollten, können Sie ihn mir ja wieder zurückgeben." Ich bedankte mich höflich, lächelte ein wenig verlegen und sagte: "Das werde ich wirklich gerne tun. Oder

könnte ich sie anderweitig erreichen, um meine Schulden begleichen zu können?" Sie schaute mich an und sagte kurz: "Überlassen wir das dem Schicksal." Da ich ja nun wusste, dass sie zu mindestens noch einmal zur Kanzlei kommen musste, wo ich sie wieder treffen könnte, kaufte ich einen großen Blumenstrauß, einen hatte ich schon vergeblich gekauft, doch diesmal hatte ich Glück, ich sah sie wieder. Sie war etwa gut 30 Meter von mir entfernt und steuerte direkt auf mich zu. Da sah ich, dass ein anderer Mann auf sie zuging, ihr einen Kuss auf die Wange gab und wie sie sich bei ihm einhakte. Ich blieb reglos stehen, senkte meinen Arm mit den Blumen herab, drehte mich um und ging auf die andere Straßenseite. Nachdenklich ging ich weiter die Straße entlang. Da kam mir ein junges Mädchen entgegen, die einen kleinen Hund ausführte. Ich ging auf sie zu, drückte ihr die Blumen in die Hand, welche sie vor Schreck auch annahm, und sagte ihr mit fester Stimme: "Zu lange hast Du deiner Mutter keine Blumen mehr geschenkt. Tu es einfach, sie wird sich freuen." Das Mädchen war so überrascht, dass sie die Blumen behielt. Schnellen Schrittes ging ich einfach weiter die Straße entlang. Leichtes Herzklopfen und eine gewisse Traurigkeit waren in mir.

Gerhard Jobs
Braunschweig den 20.11.2015

Der Monat Mai ist der Monat vieler Eheschließungen, in dem oft die Gründung einer neuen Familie beginnt. Keine Verbindung ist so segensreich und gottgewollt, wie der Beginn einer ewig währenden Familie.

Reden Menschen schlecht über dich,

        das macht dich nicht schlechter,

reden Mensch gut über dich,

        macht dich das auch nicht besser.

Du bist der, der du bist und wer du bist,

        . . . das bestimmst du letztlich selbst.

Lieber wenig, das dir gehört,

        das du dein eigen nennst,

als viel, das du dir geliehen

        oder durch Schulden erworben hast.

. . . du weißt nicht,

    wie lange du dich daran noch erfreuen kannst.

Weihnachten, und kann es noch ein bisschen mehr sein?

In dem Ablauf des Weihnachtsfestes hat sich so eine gewisse Routine eingebürgert. Am Heiligabend trifft sich die Familie, es werden Weihnachtslieder gesungen, vielleicht sogar Gedichte aufgesagt und dann gibt es die "Bescherung", eine besondere Freude für die Kinder. Man teilt miteinander gebastelte oder erworbene Liebesgaben aus. Natürlich wird auch gemeinsam gegessen und im Verlaufe des Abends einiges von den leckeren Sachen zum Naschen zu sich genommen. Nach einem herzlichen Verabschieden wird es etwas ruhiger und der Heilige Abend klingt aus. Dann am ersten Weihnachtstag trifft man sich wieder zu einem leckeren Mittagessen. Dort ist die Gans, eventuell auch der Truthahn oder die Ente, vielleicht auch ein anderes wohlschmeckendes und Fleisch spendendes Tier mit diversen Beilagen und einem kreativ gestalteten Nachtisch, ein besonderer Höhepunkt. Es könnte ein Verdauungsspaziergang oder aber auch eine anregende Unterhaltung dem festlichen Mahl folgen. Und all dies ist grundsätzlich wünschenswert und auch in Ordnung, – also bewährte und gute Traditionen. Gelegentlich geschieht es, dass man sich den Sinn des Weihnachtsfestes bewusst macht. Doch dazu bedarf es einer gewissen Ruhe, vielleicht auch eines gewissen Alleinseins, um Zeit zum Nachdenken zu haben. Denn das Weihnachtsfest, das wir zum Gedenken an die Geburt des Heilandes feiern, sollte uns daran erinnern, dass wir Menschen ein besonderes Geschenk, eines das nicht eingepackt und doch wirklich wertvoll und begehrenswert ist, erhalten haben. Jesus Christus hat uns durch das von ihm vollbrachte Sühnopfer die

Gabe der Umkehr geschenkt, wobei er die Strafe für unsere Sünden auf sich genommen hat. Allerdings mit der Auflage, dass wir uns von nun an ernsthaft bemühen, die Sünde nicht wieder zu begehen und alles daran setzen wollen, die uns gegebenen Gebote zu halten. Somit ist er unser Fürsprecher für uns vor Gott unserem Vater geworden.

Und wenn die Zeit für dieses "Sich-besinnen" wenigstens am zweiten Weihnachtstag geschehen würde, vielleicht nach dem Resteessen, denn da bleibt doch meistens noch ein wenig Zeit zum Nachdenken. Dies könnte für uns vielleicht die wertvollste Zeit des Weihnachtsfestes werden.

Gerhard Jobs

Braunschweig den 08.12.2015

Weihnachten

Wenn das Weihnachtsfest nur ein Fest bleibt,
dann ist es nichts Besonderes.
Wenn aber die Botschaft,
die hinter dem Weihnachtsfest steht,
uns Menschen verändert,

. . . dann hat das Weihnachtsfest seinen Zweck erfüllt.

Das besondere Ereignis!

Was hat es auf sich mit der Geburt von Jesus Christus, dass man noch heute seiner gedenkt und seine Geburt feiert?
Dass man von ihm in der Heiligen Schrift, speziell im Neuen Testament, von seinen Lehren und Wundern lesen kann.
Dass er die zentrale Figur der Heiligen Schrift ist.
Wenn man sich mit seinen Lehren befasst, muss man unumwunden zu geben, dass sie vieles zum Guten wenden könnten. Man muss sie nur anwenden.
Er fordert zum Frieden, zur Nächstenliebe, zur Mitmenschlichkeit auf und untermauert somit die Aussage der Zehn Gebote. In den Zehn Geboten heißt es unter anderem: Du sollst Gott den Herren von ganzem Herzen lieben, sowie auch deine Mitmenschen, sollst nicht töten, nicht stehlen, nicht ehebrechen, Vater und Mutter ehren etc. Tatsächlich wäre es eine andere Welt, wenn wir Menschen diese Empfehlungen und Anweisungen wirklich befolgt würden.
Vor über 2000 Jahren wurde der Sohn Gottes, Jesus Christus unser Erlöser, der für uns das Sühneopfer vollbracht hat, schlicht und unspektakulär von Maria seiner Mutter in einem Stall geboren. Oft stellt sich erst im Nachhinein heraus, wie bedeutend eine Sache sein kann. Wer weiß zum Beispiel schon, wenn man ein kleines Kind vorsichtig hat, was aus ihm einst werden kann? Oder, wenn man einem alten Mann begegnet, was er vielleicht in seinem Leben schon vollbracht bzw. geleistet hat.

Ich bin dankbar, dass ich für mich die Gewissheit erlangt habe, dass Jesus Christus wirklich der Sohn Gottes ist und dass er all die Macht hat, die man ihm zuschreibt.

Ja, er tun das, was er seinen Vater hat tun sehen und erfüllt somit das, was sein Vater durch ihn bewirken will, – nämlich die Erlösung des Menschen zustande zu bringen.

Auch ist es für mich ein besonderer Vorzug zu wissen, dass das, was im Johannes Evangelium 10:16 steht, sich erfüllt hat, nämlich:

"Ich habe noch andere Schafe, die nicht aus diesem Stall sind; auch sie muß ich führen, und sie werden auf meine Stimme hören; dann wird es nur eine Herde geben und einen Hirten."

Nach seiner Auferstehung ist der Heiland tatsächlich zu den anderen Schafen gegangen, zum Beispiel in die "Neue Welt", also auf dem amerikanischen Kontinent, und hat sich dort den Menschen gezeigt, um sie ebenfalls zu belehren. Und keiner weiß wo er noch hingegangen sein mag. Denn haben nicht alle, Stämme und Völker, seine Kinder ein Recht von ihm persönlich belehrt zu werden? Auch hatte er uns, wie in der Heiligen Schrift verheißen, versichert, dass er nach dem "Abfall" sein Reich wiederherstellen wird.

Apostelgeschichte 3

19. Also kehrt um und tut Buße, damit eure Sünden getilgt werden

20. und der Herr Zeiten des Aufatmens kommen läßt und Jesus sendet als den für euch bestimmten Messias.

21. Ihn muß freilich der Himmel aufnehmen bis zu den Zeiten der Wiederherstellung von allem, die Gott von jeher durch den Mund seiner heiligen Propheten verkündet hat.

Ich habe keine Zweifel daran, dass dieses im Jahr 1830 tatsächlich geschehen ist und der Herr seine Kirche wiederhergestellt hat, sodass es von der Zeit an wieder Propheten und somit fortlaufende Offenbarung gibt.

Und jeder, der das möchte, kann dieses selbst in Erfahrung bringen, indem er sich mit dem Evangelium der

Wiederherstellung befasst. Wenn er Gott im Gebet um Erkenntnis und Bestätigung bittet, kann er wissen, dass sich dies alles tatsächlich zugetragen hat. Alle Menschen, die an Gott und seinen Sohn Jesus Christus glauben, sind sich sicher, dass er wiederkommen wird, um sein Königreich zu errichten. Dieses kann und sollte jeder für sich selbst in Erfahrung bringen, sodass auch jeder von all diesen Dingen ein Zeugnis haben und es geben kann. Ich für meine Person habe dieses Zeugnis erhalten und kann mich am Wort Gottes erfreuen und hoffnungsvoll in die Zukunft blicken kann.

Gerhard Jobs

Braunschweig den 3.12.2015

P.S.
Besteht der Wunsch mehr in dieser Sache in Erfahrung zu bringen, bitte unter **www.lds.org** nachschauen.

Haben Sie nur Zeit zum Lesen einer kurzen Geschichte? Vielleicht nur Zeit für 10 Minuten? Und die Ihnen doch noch länger im Gedächtnis bleiben wird? Oder sollten es Sinnsprüche zur Anregung für das "Alltägliche" sein? So könnte das Buch mit dem Titel:

"Liebe, Hoffnung, Verständnis und Dankbarkeit

. . . lassen uns leben."

Das Wünschenswerte, das vortreffliche Buch, für Sie sein.

Einfach nur im Buchhandel nachfragen oder beim BoD - - - - bestellen.

Weitere Informationen zu den Werken und zur Person des Verfassers sind unter **WWW.jobs-geometrie-natur.de**

für Sie bereitgestellt.

Lesen Sie gern? Wollen Sie für einige Zeit dem Trubel des täglichen Lebens, den Sorgen entfliehen?

Dann ist dieser weitere Gedichtband, dieses Buch mit dem Titel:

„Die Treppe zur Ausgeglichenheit, zum Erkennen der wirklichen Werte im Leben"

das richtige, das ideale Buch für Sie, angefüllt mit gut zu lesenden Gedichten.

Gedichte, mit denen Sie den Alltag hinter sich lassen können .

Einfach nur im Buchhandel nachfragen oder beim BoD - - - - bestellen.

Weitere Informationen zu den Werken und zur Person des Verfassers sind unter **WWW.jobs-geometrie-natur.de**

für Sie bereitgestellt

Lesen Sie romantische Literatur gern? Wollen Sie sich von der „ersten Liebe", die jeder irgendwann einmal erlebt, also auch Nicole, verzaubern lassen? Oder ist das schon zu lange her, sodass ein sich wieder Erinnern nottut? Dann wäre das Buch mit dem Titel:

„Nicole, eine besondere Frau?"

ein besonders gut geeignetes Buch, der gut zu lesende Roman für Sie.

Ein Roman, der Sie den Alltag vergessen lässt.

Einfach nur im Buchhandel nachfragen oder beim BoD - - - - bestellen.

Weitere Informationen zu den Werken und zur Person des Verfassers sind unter **WWW.jobs-geometrie-natur.de**

für Sie bereitgestellt.